# JLA
## 図書館実践シリーズ  24

# 図書館史の
# 書き方・学び方

## 図書館の現在と明日を考えるために

奥泉和久 著

日本図書館協会

**How to Write and Study Library History in Japan**
(JLA Monograph Series for Library Practitioners; 24)

図書館史の書き方・学び方 : 図書館の現在と明日を考えるために ／ 奥泉和久著. － 東京 : 日本図書館協会, 2014. － 246p ; 19cm. － (JLA図書館実践シリーズ ; 24). － ISBN978-4-8204-1402-5

t1. トショカンシ ノ カキカタ マナビカタ a1. オクイズミ, カズヒサ
s1. 図書館 (公共) － 歴史 ① 016.21

# はじめに

　この本は，これから図書館史を書いてみよう，あるいは図書館の歴史について学んでみたいという読者を想定してまとめたものです。ここで図書館史とは，おもに自分が所属する図書館の歴史をさします。ということは，図書館史の書き手は，図書館員自身になります。いま，二通りの読者をあげましたが，図書館史を書こうと考えている図書館員は当事者であり，いまはその予定はないという方が予備軍になります。

　遅かれ早かれいずれ図書館史が必要になるであろう図書館も少なくないはずですから，当事者の範囲は，実際には，かなり広くなります。また，当面，図書館史を書く必要性に迫られていないとはいえ，いつその時が訪れるのかはわかりませんから，予備軍といえども安穏とはしていられません。

　実際に図書館史を書くことになったときに，参考になるものが必要になります。そこで，どう進めたらよいか，という趣旨で書かれたのがこの本だというわけです。それでも，図書館史という分野は，そう差し迫ったテーマというようには普通はとらえられていないのではないでしょうか。とくに図書館員の方々には。そこで，まず，なぜ図書館史なのか，について考えてみましょう。

　これからの図書館を考えるとき，その基盤となるのは，何でしょうか。将来の見通しを立てるために，利用者の動向であったり，社会情勢であったり，スタッフのこと，情報や資料のことも勘案しなければなりません。その際に何らかの方法で過去を分析するといったことも検討するのではないでしょうか。これまで蓄積さ

れてきた歴史的経験のなかに，多少なりとも現代の，あるいは将来の図書館について考えるためのヒントがあるのではないか，というようなことです。

わかりやすく言えば，私たちが新たにはじめようとしていることであっても，どこかで誰かによってすでに行われていることが多い。であるならば，そうした経験を参考にしない手はない，となるだろうということです。

歴史のなかからそうたやすく答えを引き出すことができると言っているのではありませんが，それも，図書館について考えたり，学んだりするひとつの方法と言えるのではないかと思います。

*

さて，本書ですが，調査研究法を学ぶための章と「図書館史」を準備するための章をはじめと終わりに置いて，真ん中に具だくさんのサンドイッチのように歴史が記述されています。次のとおりです。

第1章　図書館史を学び，研究するために

第2～6章　図書館史の見方，考え方について

第7章　図書館の歩みを残すとき

図書館史を書くというのであれば，このサンドイッチのパンの部分だけで用は足りるはずなのですが，でもそうしなかったのは理由があります。いくら何でも図書館史を書こうと思ったからといって，すぐにいいものを書けるようにはならない，と考えたからです。つまりこうです。図書館史の部分は，普段の努力（不断ほどがんばらなくてもよいの意）にあたります。図書館業務やサービスなどについて，これまでどのようにしてさまざまなことが行われてきたのか，知っておいた方がよいということです。なぜ，図書館史なのかを考えるきっかけとなるよう，それぞれの章の冒

頭に「現代からの視点」を置いてみました。

　歴史をとりあえずトータルに学びたいというのであれば，テキストのようなもの，あるいは通史をいくつか通読してみればよいはずです。そこから歴史理解のためのヒントを見つけることはできるでしょうし，書くための方法も学べるとは思います。

　ここではそうしたことにも配慮しつつ，ただ単に歴史を理解したり，どう記述したらよいか，ということだけではなく，現代社会のなかで図書館にかかわっているわれわれが，歴史にどう向きあっていったらよいか，を考えてみたいのです。次にその発端となったことについてふれておきましょう。

*

　2009年の秋に『近代日本公共図書館年表』（日本図書館協会）を出版しました。そうしたら年度が変わるくらいの頃に，ふたつの話が飛び込んできました。ひとつは『現代の図書館』の2010年6月号に「調査研究法を学ぶ」という「特集」を組むので，そこに「図書館史研究」を入れたいのだが，という話。もうひとつは，その年の8月の「JLA中堅職員ステップアップ研修（2）」の「トピック」で，「図書館史」（当初の話題は「年表」でしたが，もう少し内容を広げるよう変更をお願いしました）を取り上げたい，とのことでした。

　いまどき，現場の図書館員で図書館史を勉強しようなどという人がいるんだろうか，などと半ば疑いの念を抱きつつその頃考えていたことを原稿にして「特集」に加えていただき，夏の研修に臨みました。研修では，「『図書館史』を準備する」というタイトルで，研究のための図書館史ではなく，図書館員が自館の歴史を記述するためにはどのような準備をしたらよいかということを報告しました。

その後，2012 年の夏に，図書館問題研究会の学習会で，図書館史の書き方について報告をする機会がありました。このときには，上記の研修の内容を若干アレンジして，臨みました。こうした機会をとおして，数年先に図書館が大きな区切りを迎える，どうも自分が担当になりそうだとか，そろそろ何十周年を迎える図書館があちこちに出てきて，実際に自分が担当になったらどうしてよいかわからないという声が現場から出始めている，などということも聞きました。

*

　はじめは，図書館史の学習のしかたであるとか，歴史をどう書くかなどということであれば，図書館史研究の入門編のような内容をベースにして，図書館史を書くための技術について解説を加えればよいのではないかと考えていました。ところが，いろいろと整理をしているうちに気がついたことがあります。そして，この頃，鎌倉市図書館で 100 周年の記念誌を作成するお手伝いをしていて実感したことでもあるのですが，自館の歴史を記述するにしても，やはりある程度は，図書館史の大きな流れに関する基本的な知識がないと，なかなかむずかしいのではないか，自館が，図書館史の全体のなかにどう位置づけられるのかは，全体を知らないとできない，ということです。

　そこで，この本では，第 1 章に，調査研究法の学び方を，第 7 章には，図書館史の書き方を置いて，この間の 2〜6 章で，図書館史にかかわることを記述しました。ただし，ここでは，図書館史を通史的に学ぶということではなく，図書館の歴史的な理解を深めるために，それぞれにテーマを設定して，そのテーマの下に図書館の歴史を記述し，歴史的な見方，考え方を検討するという構成にしました。

それぞれの章が，あるところは戦前の一時期だったり，あるところは現代だけであったりというように，必ずしも整然と構成されているわけではありません。また，テーマの設定のしかたについても同様です。ここではどちらかというと歴史的な事実の一部分を切り取って，それを読み解くことで歴史理解の一助としたいと考えてみました。

*

　もうひとつ大切なことがあります。歴史的な研究方法から，図書館の仕事を見直すことができないか，ということです。歴史を記述する際，ひとつひとつの事象をつぶさに検証して，事実を明確にします。そうした綿密な作業とともに，歴史研究には全体を見通してそのなかに個々の事実を位置づけることが求められます。図書館史を例にとればこうです。図書館員が図書館の歴史を検討しようとするときには，実務者としての立場から，いくらかでも立ち位置を動かして，ものごとを整理，分析することが必要になります。つまりは自身を相対化することです。自分との距離をとって，離れた位置から自身を見つめてみることが求められるということです。

　これを図書館実務に置き換えてみます。たとえばあるサービスを実施するとします。このとき，なぜそれが必要かは，当然検討します。それとともに図書館全体の方針とどのように関係するのか，といったことや，10年後20年後まで見通した上での判断を下すということがあるのではないでしょうか。図書館のある業務が，運営やサービスのなかでいかなる意味をもつのか，つねに考えて仕事をすることが図書館員には求められます。こうしたときに必要な力とは，どのようなものでしょう。歴史に学ぶことは，単に過去に学ぶことを意味するだけではなく，全体を俯瞰する力，

大局的なものの見方を養うことにもつながるのではないか，と思うのですが，いかがでしょう。

　歴史に学ぶということは，ものごとを時間軸で見ることでもありますから，それを未来に延長してみるという応用のしかたもあります。未来の眼をもって現在の自分の位置を観察する，確認するという方法です。これは本文であらためて考えます。

　歴史の見方，考え方を深めて多くの図書館員が自館の歴史に取り組んでいただくことを期待しています。

2014 年 5 月

奥泉　和久

# 目 次

はじめに　iii

## ●1章● 図書館史を学び，研究するために ……………… 1

現代からの視点　1

### 1.1 研究の方法と進め方　2
歴史と現在と／仕事をとらえ直す／問題の所在／歴史研究への関心

### 1.2 図書館史研究の現在　6
研究の動向について／研究方法論について／戦後研究への関心／人物研究の動向

### 1.3 研究方法を学ぶ　9
図書館史研究の原点／『神奈川県図書館史』の作成／「中小レポート」から何を学ぶか／『日本近代公共図書館史の研究』以降

### 1.4 図書館史研究の試み　13
歴史に学ぶこと／歴史を相対化すること／図書館活動を検証する／検証の視点／実践を資料にとどめる

### 1.5 資料へのアクセス　18
資料収集への関心の高まり／資料の発掘／資料を共有し，伝え，残すには／資料の整理と保存

### 1.6 課題と展望　22

## ●2章● 図書館員の役割 ……………… 24

現代からの視点　24

### 2.1 図書館界の誕生　25
二つの図書館協会／『東壁』と『図書館雑誌』／図書館の進むべき方向と課題／図書館運動の担い手として

# 目次

- 2.2 **図書館員養成への道のり** 30
  図書館員の養成の機運／佐野友三郎による模索／図書館講習会の開催／図書館員教習所の開設
- 2.3 **図書館界における規格の統一，標準化** 35
  図書館業務の標準化／青年図書館員聯盟の結成／整理技術三大ツールの標準化／加藤宗厚と『学校図書館の手引』
- 2.4 **戦後における図書館員の組織化** 40
  日本図書館協会の再生／図書館法成立後の動向／図書館問題研究会の結成／東京における図書館員の組織的な活動
- 2.5 **図書館振興策** 45
  「東京都公共図書館の現状と問題点　1963」／東京都の図書館振興策／滋賀県の図書館振興策／図書館振興策のその後
- 2.6 **「図書館の自由に関する宣言」と「図書館員の倫理綱領」** 50
  「図書館の自由に関する宣言」の成立と1979年改訂／「図書館の自由に関する宣言」の課題／「図書館員の倫理綱領」の成立／「図書館員の倫理綱領」の意義
  **参考文献** 55

## ●3章● 図書館運動の展開 …… 57

**現代からの視点** 57

- 3.1 **初期の図書館運動** 58
  民衆運動と図書館／自由民権運動と図書館／図書館運動への道／読書のための組織づくり
- 3.2 **青年たちの図書館づくり** 63
  下伊那青年の図書館活動／上郷青年会と図書館／東京・江戸川における図書館づくり／静岡県気賀町立図書館における青年の利用

## contents

- 3.3 子どもへのサービス　68
  児童サービスの導入／東京市立図書館における児童サービス／児童図書館研究会の発足／児童サービスの向上をめざして
- 3.4 図書館のなかの女性　73
  女性の図書館利用／東京市立図書館における利用状況／岡山市立図書館の場合／本を届ける工夫
- 3.5 母と子への読書支援　78
  PTA母親文庫／親子20分間読書運動／読書運動の二面性／読書運動から図書館運動へ
- 3.6 図書館運動の課題　83
  「望ましい基準」案／「公立図書館の任務と目標」／多様化する図書館経営／これからの図書館
  
  参考文献　88

## ●4章● 都市空間のなかの図書館　90

現代からの視点　90

- 4.1 明治初期の「図書館」事情　91
  新聞の登場／新聞縦覧所の誕生／都市における展開／開かれた読書空間
- 4.2 図書館の地域計画　96
  東京市の図書館計画／大阪府立図書館の分館計画／佐賀の図書館計画／東京市立図書館網の整備
- 4.3 都市災害と図書館の再生　101
  私立函館図書館の不燃質書庫／岡田健蔵, 資料を守る／東京市立図書館, 関東大震災への対応／関東大震災後の再開と復興図書館
- 4.4 戦後公共図書館のモデル形成　106
  新たな図書館運動の提起／大牟田市立図書館の実践／日野市立

## 目次

　　　　図書館のスタート／『市立図書館　その機能のあり方』
- 4.5 **中規模都市における図書館の躍進**　111
  市民の声を生かした図書館づくり／都市のなかの新たな図書館／浦安市立図書館の図書館計画／暮らしのなかに図書館を
- 4.6 **サービスの広がり・利用の拡大**　116
  二つの図書館白書／図書館ネットワークによる情報提供システム／本のある広場／高齢社会への展望
  **参考文献**　121

## ●5章● 情報化社会と図書館 …… 123

### 現代からの視点　123
- 5.1 **レファレンスサービスの開始とその多様性**　124
  レファレンスサービスの開始／神戸市立図書館のサービス／大橋図書館『トピック』創刊／さまざまな相談への対応
- 5.2 **「開架」の思想**　129
  開架式閲覧の系譜／関東大震災前後の東京市立図書館／戦後の開架式閲覧／1960年代における飛躍
- 5.3 **ビジネス街の図書館**　134
  名古屋公衆図書館の設立／実業図書館の誕生／ビジネス街の図書館サービス／京橋図書館の実業図書室
- 5.4 **戦後レファレンスサービスの開始**　139
  神戸市立図書館の新たなレファレンスサービス／レファレンスサービスの普及へ向けて／PRの重要性について／レファレンスサービス実施のための課題
- 5.5 **レファレンスツールの作成　日本の参考図書**　144
  アメリカ図書館研究調査団／『日本の参考図書』成立の経緯／レファレンスサービスのための基盤整備／『日本の参考図書』

xii

　　　　刊行の意義
5.6　**情報環境の変化への対応**　　149
　　　　行政資料・情報サービス／レファレンスサービス研修への取り組み／インターネットの普及とレファレンスサービス／情報サービスの時代へ
　　　**参考文献**　　154

## ●6章● 市民参加への道 …………………………… 156

　　　**現代からの視点**　　156
6.1　**『子どもの図書館』とその時代**　　157
　　　　家庭文庫研究会の活動／『子どもの図書館』の刊行／文庫の限界を越えて／『子どもの図書館』の影響
6.2　**図書館づくりへの道**　　162
　　　　浪江虔の図書館思想／地域文庫へ補助を／多摩地域における図書館運動の源流／文庫から図書館づくりへ
6.3　**親子読書と文庫と**　　167
　　　　親子読書の組織化／文庫の組織化　日本親子読書センター／親子読書の発展性／ポストの数ほど「文庫」を
6.4　**文庫の社会的役割**　　172
　　　　文庫が継続する理由／文庫をはじめた動機／文庫の意義／文庫活動における意識の変化
6.5　**市民がつくる図書館計画**　　177
　　　　市民がつくる図書館計画　横浜／札幌,そして仙台／各地の図書館計画づくり／社会的な役割を担う文庫
6.6　**新しい市民の図書館**　　182
　　　　市民のための図書館をめざして／地域のなかに図書館を／図書館協議会の役割／図書館友の会

目次………xiii

# 目次

参考文献　　187

## ●7章● 図書館の歩みを残すとき ……… 189
　　現代からの視点　　189
- 7.1 「図書館史」編　　190
　「図書館史」を作成する前に／モデルをさがす／他館の経験に学ぶ／作成の手順／「図書館史」を書いてみよう
- 7.2 図書館年表編　　213
　「図書館年表」論について／「図書館年表」作成の前に／「図書館年表」作成の方法について／おわりに

**附録1** 次の百年に向けて　　229
**附録2** 大阪府立図書館の歩んできた道　　230

あとがき　　235
索引　　239
図版出典一覧　　244

xiv

# 1章 図書館史を学び, 研究するために

## 【現代からの視点】

　図書館史は, 図書館の歴史には違いはないが, 独特な点がある。それは, 図書館という器のなかに入るもの, つまり図書館に関係のある一切合切がその対象になるということである。

　かつては図書館史と言えば, いつ図書館ができて, いつまであったのか, といったことが中心だった。ところが, 近年の図書館史は, そうではなく, 図書館制度・法規, 図書館員, 図書館組織, 図書館業務や個々のサービス, さらには図書館をとりまく情報環境など, 図書館にかかわるこれまでの経緯などが, 図書館史として扱われる。

　したがって, 図書館史とは, 図書館にかかわるあらゆることについて, そのルーツに遡って現在を考えること, と言ってよいであろう。このように現在から過去を見てみようというのであるから, 歴史的な事実は変わりようがないが, 歴史の書き手が変わること, その立ち位置が変わることによって, 歴史の見方は変わってくる。変わらざるを得ない。歴史的な検討を加えるというその作業のことが図書館史だと言ってよいであろう。

　そこで大切になるのは, 歴史の書き手が, どのような位置に立つのか, ということになる。歴史に対する見方, 考え方であるとか, 自分の立ち位置が違っていないかどうか。それを学ばなければならない。学ぶ方法はいくらでもある。必要なのは, 学ぶことの必要性に気づくことではないか。

### 1.1 研究の方法と進め方

　ここでは，図書館員がどのように図書館史に関する調査研究への理解を深めることができるのかを検討する。はじめに図書館員が図書館史研究に主体的に取り組むために，歴史と現在の関係について考えてみたい。

#### （1）　歴史と現在と
　ある公立の図書館員が，図書館長からこういうことばをかけられたという。

　　日々起こること，思うことを記しておきなさい。どんな小さなことでもいい，走り書きでもいいから。できれば日付も。そういう中に大切なことがあるから。……この地道な活動のすべてを含めて図書館の歴史だから。（吉田佐由美「これからもずっと：坂本龍三先生に学んで」『北の文庫』51号，2010）

　この図書館員が回想しているのは，2009年に亡くなった図書館学の研究者，坂本 龍 三のことである。日々の図書館の業務を，克明に記している図書館員はいるかとは思う。けれどそれを歴史の一コマと自覚して仕事をしている図書館員は，そう多くはないであろう。勝手な推測だが，この図書館員もその数多くの図書館員のひとりだったのではないか。
　日々の記録は，時を経て資料となり，それをもとに歴史が記される。これは当然のことなのであるが，よくよく考えてみると，その資料を生み出すのは，図書館の場合多くは無名

の図書館員の弛まぬ努力による。現在も，時間の流れのなかで見ればその一過程にあり，私たちも歴史の渦中にあると考えられる。だからといってこの図書館長は，この図書館員に単に資料の作成者となることを期待したのであろうか。

## (2) 仕事をとらえ直す

　図書館史の根拠となる資料が，日々の図書館員の実践に支えられると考えた研究者がいたこと，その考えを実践する図書館員がいることは何を意味するのだろうか。自分の仕事が歴史を形成するということは実感しにくいことだが，視点をを未来に移してみると，日々の業務の積み重ねが歴史の一部となる，ということは容易に想像がつく。

　では，日常業務に意識的に取り組むとはどういうことなのか。仕事を長い時間のなかでとらえることなのか。時代の潮流に左右されない価値観をもち，自らの仕事をとらえ直すことなのか。あるいは別のことなのであろうか。いずれにしても，図書館実践と歴史とのかかわりが透けて見えるように感じられる。彼女は現在も「日々の走り書きノート」をつづけているという。

　ここで，図書館実践と歴史認識とを短絡的に結びつけようとしているのではない。「図書館員が日常の運営や技術的問題に没頭して，歴史を理解し，また研究することに無関心になりがち」(常盤繁「図書館史研究の現状と方法」，日本図書館学会編『図書館学の研究方法』日外アソシエーツ，1982)になるのは，日本に限ったことではなく，英米の図書館史研究においても問題点として指摘されている，ということを確かめておきたかったのである。その一方で，日常業務を遂行するなか

で歴史認識をもつことは決して無理なことではなく、図書館員次第だということを考えてみたかったのだ。

## (3) 問題の所在

では、図書館史研究とは何か。ひとことで言うなら「図書館に関する諸事情や思想などの生成・発達・展開の経緯を扱った歴史」（図書館用語辞典編集委員会編『最新図書館用語大辞典』柏書房, 2004）の研究ということになろうか。その上で、歴史研究の意義をどのように考えたらよいのか。ずいぶんと前になるが、1986年に永末十四雄が地方公共図書館史研究の動向をとりあげたものを見ておこう。

永末は、図書館史研究に関して、問題意識を明確にすることが重要であり、それにはテーマを設定し、分析し批判することが不可欠だと述べた。当時、図書館史研究会（現・日本図書館文化史研究会）は発足して約4年足らず、「図書館史研究が方法的論議を内面的な必然としない水準」（永末十四雄「日本における地方図書館史研究の動向と課題」『図書館史研究』3号, 1986）にとどまっていた頃のことである。

ここで考えてみたいのは、永末が個別図書館史にふれるなかで、図書館史を事務的な資料以上のものにするには、図書館の規模よりは「当事者の見識と熱意、それに加えて図書館員の主体的な参加が大事な要素」になると指摘した点である。これは具体的には、図書館史が行政資料として扱われることによる「方法的な制約」から、歴史の叙述が「批判や意見を抑制して非個性的」になることを示唆している。これに対して何らかの対応がなされなければならないというのである。

## (4) 歴史研究への関心

　現在の図書館史研究の水準は後に述べるとおりであるが，それでは，この間に図書館員が歴史研究の主体となることであるとか，あるいは図書館史の研究方法について，十分な検討なり提案がなされてきたのであろうか。

　もともと図書館史研究者に占める公立図書館員の割合が多くなかったことも，永末が言うように「非個性的」な図書館史を生み出す一因となっていたと考えられる。図書館史研究会，現在の日本図書館文化史研究会の会員構成をみると，公立図書館員は1985年で130名のうち21名（16 %），それが20年後の2006年には154名（名誉会員，外国在住者を除く）のうち9名（5.8 %），と会員数の増加に反して大きく減少している。公立図書館の現場で働く人びとの関心が歴史研究から遠のいているようにも解釈できる。

　ところで，1988年から92年にかけて，日本図書館協会（JLA）が創立100周年を迎えたのを機に，多くの公立図書館員の参加を得て『近代日本図書館の歩み　地方篇』（1992）に全国の県別の図書館史をまとめたことがある。この企画には，JLAと地域の図書館との関係づくりを進める目的のほかに，図書館史に対する図書館員の意識を高め，地域に根ざした図書館活動の活性化をはかるとの狙いも込められていた。だが，その後の経過を見る限り，必ずしも公立図書館員が歴史研究の課題を共有するまでには至ってはいないように思われる。図書館員の歴史に対する興味・関心が薄れてきているということなのか。現在，そしてこれからの図書館を考えるためにも，これまではどうだったのかといった視点をもつことがもっと考えられてもよいのではないだろうか。

## 1.2 図書館史研究の現在

　近年の図書館史研究の動向については，三浦太郎による研究文献レビューがある。これによって最近の研究の傾向なり，研究者の関心を知る手がかりを得ることができる。本書でもこれに沿って代表的な文献を見ておこう。

### (1) 研究の動向について
　三浦による文献レビューは次のとおり。
・「研究文献レビュー：図書館史」『カレントアウェアネス』297号，2008，p.14-19.
・「日本図書館史研究の特質：最近10年間の文献整理とその検討を通じて」『明治大学図書館情報学研究会紀要』3号，2012.3，p.34-42.

　前者は2002年から2006年まで，後者は2002年から2011年まで国内で発表された図書館史関係文献を対象としている。
　三浦は，これらの文献について，図書館史研究の方法論的な問い直し，日本の戦後図書館史の位置づけ，人物への注目と大きく三つに整理している。その上でこの20年の間に研究のテーマが深まり，専門性が高まり，学際的傾向，さらには図書館の低成長時代における研究の意義なども論議の対象となり，研究内容が多様化していることなどが近年の研究の特徴だと分析している。

### (2) 研究方法論について
　2002年，日本図書館文化史研究会の創立20周年を記念して，シンポジウム「図書館文化史研究の回顧と展望」が行わ

れた(『図書館文化史研究』20号,2003)。石井敦は,歴史研究にとって,日本の図書館はどうあるべきか,との問い直しが不可欠で,現代の図書館における問題意識を前面に押し出し,図書館の本質を問う姿勢が重要だとした。これに対し岩猿敏生は,研究に着手するにあたって,個別のテーマをとりあげるだけではなく,その時代の背景にテーマを置いて論じることが必要だとして時代区分の意義などを述べた。また,藤野幸雄は,比較図書館史の課題を整理した。

この間,機関誌などでも図書館史研究の方法論が検討されてきた。河井弘志は,歴史研究が図書館の発生史の解明のみで終わるのではないこと,発展を記すことにとどまらず,さらには発展が逆の方向に進むことも考えなければならないことを指摘した。そして,図書館思想について「図書館の現実と密接につながった観念であり」,したがって図書館史の記述にとっては無視することのできない重要な「史実」であると述べた(河井弘志『ドイツの公共図書館思想史』京都大学図書館情報学研究会,2008)。

### (3) 戦後研究への関心

具体的に研究の対象別に近年の動向を見ておこう。戦後の公共図書館の歴史をコンパクトに振り返ったのが『戦後公共図書館の歩み 図書館白書1980』(日本図書館協会,1980)で,この頃から戦後の活動を見直す動きがあらわれたように思われる。1995年に出された,是枝英子[ほか]編著による『現代の公共図書館・半世紀の歩み』(日本図書館協会)は,戦後について通史的に概観したものである。

戦後を対象とする個別研究が十分ではないなか,1998年

にオーラルヒストリー研究会が『「中小都市における公共図書館の運営」の成立とその時代』（日本図書館協会）をまとめた。この研究は，戦後図書館史への本格的な着手と言えよう。研究の実証性を高めるための聞き取り調査，その記録化とともに一次的な資料の収集，記録化なども行われた。

　2004年9月には，日本図書館文化史研究会の研究集会において，塩見昇，伊藤昭治，石塚栄二によるシンポジウム「戦後公共図書館実践の再検証」が行われた。ここで塩見は戦後の図書館実践を時期ごとに特徴的な活動を明らかにした。伊藤は志智嘉九郎（1909-1995）のレファレンスサービスを論じた。石塚は，各地における具体的な活動の姿を掘り起こしていくことが，歴史研究には必要だと述べ，図書館実践を実証的に研究する必要性を強調した。

## (4) 人物研究の動向

　近年の研究の特徴のひとつに人物研究がある。人物研究はまずその対象となる図書館員が残した著作などを読むことからはじまる。JLAの『個人別図書館論選集』では1980年に衛藤利夫，中田邦造，翌年に佐野友三郎，1990年に有山崧をとりあげている。これらには著作とともに解題，年譜が付されている。また，人物伝には石井敦編『図書館を育てた人々　日本編Ⅰ』（日本図書館協会, 1983）があるが，『図書館雑誌』の連載記事をまとめたもので本格的な研究とは言い難い。

　戦後の図書館人については，1970年代の後半くらいから中井正一，中田邦造などを対象にした研究が出はじめた。1987年には山口源治郎が有山崧論をとりあげている（山口源治郎「有山崧の『Mass library』論について」『図書館学会年報』33

巻3号, 1987.9)。これは戦後の図書館人を対象とした研究としては初の本格的な著作で, 先にあげた『中小都市における公共図書館の運営』(「中小レポート」)研究に発展する。

図書館問題研究会は, 1992年清水正三へのインタビュー記録を「公共図書館の誕生を支える:図書館長清水正三のあゆみ」(森崎震二[ほか]「公共図書館の誕生を支える:図書館長清水正三のあゆみ」(1)-(6)『みんなの図書館』180-185号, 1992.5-10.)にまとめた。貴重な資料になっている。

2007年, 日本図書館文化史研究会は創立25周年を記念して,『図書館人物伝:図書館を育てた20人の功績と生涯』(日外アソシエーツ, 2007)を刊行した。『図書館を育てた人々 日本編Ⅰ』は, 人物選定の基準を「主として戦前に活躍した人物であること」としているため, 戦後の図書館員は対象外となっている。これに対し『図書館人物伝』は, 戦後の図書館人を対象としたものが全体の約半数あり, 戦後に対する関心の高さがうかがえる。

### 1.3 研究方法を学ぶ

図書館史研究の方法について, ここでは図書館史研究の第一人者であった石井敦の研究を例に具体的に見ておきたい。石井の活動は多岐にわたるが, 代表的な著作を中心に記す。

### (1) 図書館史研究の原点

石井敦は, 公共図書館員として仕事をしながら, 図書館史研究の新たな方法を開拓した。略歴は次のとおり。

1952(昭和27)年4月　日本図書館協会事務局

1954 年 7 月　神奈川県立図書館
1959 年 11 月　神奈川県立川崎図書館
1975 年 3 月　神奈川県立川崎図書館退職
同年 4 月　東洋大学社会学部教授
2009 年に亡くなる。

　ここでは，図書館現場において図書館員自らがいかにして問題意識をもち，研究に取り組んだらよいか，との視点から，石井の若い頃の三つの仕事に注目してみたい。

　第 1 は 1957 年の『神奈川県図書館史』(神奈川県立図書館，1966) の作成。ここでは図書館員のひとりとして図書館史執筆に携わっている。第 2 は 1960〜63 年，JLA・中小公共図書館運営基準委員会委員について。委員のひとりとして調査活動に参加，公共図書館の転機となる重要な「中小レポート」作成に携わる。第 3 は 1972 年に『日本近代公共図書館史の研究』(日本図書館協会) の刊行について。働きながら，研究を継続した成果と言える。

## (2) 『神奈川県図書館史』の作成

　神奈川県図書館協会に設けられた図書館史研究編集委員会の一員として，石井は，約 9 年をかけて，『神奈川県図書館史』を完成させた。経過は次のとおり。

　1957 年 7 月，神奈川県内の図書館でつくる図書館員研究会のなかに，公共図書館史研究を目的にグループが結成される。1959 年に，このグループが略年表を作成。1962 年になって，神奈川県図書館協会のなかに図書館史研究編集委員会が設けられた。1963 年，執筆の分担 (8 名) が決まり，1964 年，草案を作成，1966 年 3 月に脱稿している。

委員会が設けられてから刊行までは4年,それ以前のグループによる活動を詳しく知ることはできないが,5年の活動期間がある。1959年に略年表が作成されていることから,この間に基礎的な研究を積み重ねていたことが推察される。
　同書は,県立図書館の単館史ではなく,近代史を背景に,県を単位とする地域の図書館活動を対象に記述している。この図書館史について,永末十四雄は次のように評した。

　　時代区分と図書館の類型,図書館運動の主体,図書館普及と運営形態,図書館人の列伝など歴史的諸要素を分析し総合化したはじめての本格的な地方図書館史である。(永末,前掲誌)

　神奈川県は,県立図書館の設置が1954年と,全国でも下から数えて2番目と,他県から大きく遅れをとっていた。このことが,グループのメンバーを刺激したのではないか。いずれにしても,図書館の変革期に精力的に研究活動に参加した図書館員による成果と言うことができる。

## (3) 「中小レポート」から何を学ぶか

　「中小レポート」とは,『中小都市における公共図書館の運営』のことである。1960年10月,JLAに中小公共図書館運営基準委員会が設置された。委員会は現場における問題を討議,調査,研究を重ね,1963年に報告書を発行した。この報告書は,それまでの図書館観を大きく転換させたと評価されている。石井敦は委員のひとりとしてこの報告書作成に携わった。石井は,後年のインタビューに次のように答えてい

る（オーラルヒストリー研究会，前掲書）。

> 図書館研究の仕方がね，現実から出発しなくてはいけない……もっと広く利用してもらうか，そのためにはどうしたらいいか，仕事の中でそれを考えていく手だてを中小レポートは作った……そのやり方を学んでもらうことなんですよね。……何となくずっと伝統的にやってきたことが正しいんだと思ってきたけれども，いざ利用者の側に立ってみればおかしなことがいっぱいある。

ここでは，図書館研究の方法についての見解を述べていて，歴史研究に限定していないことに注意したい。過去の図書館実践のなかに研究の材料があり，それをもとに研究を発展させていくことの重要性を指摘している。また，どのようにして問題意識をもったらよいか，その一例に石井は，利用（者）の存在があったことを述べ，図書館の現場を改善するために課題を発見し，それを歴史に遡って学び，実践に活かす方法を示唆している。

### (4) 『日本近代公共図書館史の研究』以降

石井敦の代表的な著作『日本近代公共図書館史の研究』（日本図書館協会，1972）は，1953年から68年にかけて執筆した論文を収録したものである。同書の「あとがき」に，石井は次のように記す。

> 現場に働いていて研究のための時間をもてない一人の図書館員が，それでも，自分の館を含めて，日本の公共図書

館をどうしたら発展させることができるか,そのための運動の指針を求めずにはいられなかった……。

　石井は,図書館現場で働きながら,そこで問題意識を発展させ,歴史の経験に学び,そこに図書館運動の指針を求めたことを回顧する。また,石井は,1964年から1990年にかけて都立日比谷図書館報（後に都立中央図書館報）『ひびや』に「日本近代公共図書館史」を掲載している。連載の後半は,児童サービスに関する記述で占められている。ここに石井の関心が,時代とともに大きな変化を遂げていくことが見てとれる。

　石井は上記の図書を刊行後に研究職に就くが,約30年後の発言をあわせて確認しておこう。シンポジウムでの発言である。石井は,図書館員が,「どこをどうしたら日本の図書館は変わるのか」を考えるには「今の図書館を駄目にしている原因を探っていかなければいけない」と言う。そして,重要なことは「図書館の本質」を究明することによって「社会の中で図書館というのは一体何なのか,どういう意味をもつのか」を明らかにしていくことだとしている（石井敦「わが国の図書館史研究について」（シンポジウム・図書館文化史研究の回顧と展望）『図書館文化史研究』20号,2003,p.16-17）。

　図書館員が抱える危機感に対するアドバイスのようにも受けとれるのではないだろうか。

## 1.4 図書館史研究の試み

　図書館史について学ぼうとするときに考えておきたいこと

がある。それは、われわれはどのような位置に立つべきなのか、ということである。一人ひとりが歴史に対峙する姿勢のことである。

## (1) 歴史に学ぶこと

石井敦の研究方法を例に、図書館実践と歴史研究について考えたが、少し角度を変えて考えてみたい。図書館員が歴史認識に関して理解を深めるため、二つの観点を提示してみよう。ひとつは、図書館実践と歴史研究がどのように関連づけられるのかという点である。もうひとつは歴史的事実をどのように相対化したらよいかという点である。

第1点目は、図書館実践と歴史研究との関連について。河井弘志は、自らもある住民運動の渦中にいて（図書館の運動ではなく、そして現在もそれはつづいている）、そのときの行動を振り返りながら、未来からの問いに対する自らの答えの意味を深く追求する。

　過去の歴史に学ぶ態度があれば、現在の実践が未来にどのような結果をもたらすかを常に考えて行動する能力が養われる。それが歴史を学ぶということの意味である。（河井弘志「図書館の歴史と現在（特別講演記録）」『図書館文化史研究』25号，2008）

そして、歴史的なものの見方、考え方というのは、図書館についても言えるのではないかとの結論を導き出している。

## (2) 歴史を相対化すること

　第2点目は歴史的事実を相対化するということについて。図書館員が歴史研究に取り組もうとするとき，多くは当事者の立場をとる。そして，そのほとんどは記念事業の一環として参画することになるのではないか。そのため書き手は，必ずしも歴史認識の問題に正面から向き合うことなく，むしろ素通りして，図書館史を扱うことになる。

　するとどうなるか。対象となる事象との関係が密接であるがゆえに，記述は直接的とならざるを得ない。そうなると時期区分にしても，図書館をとりまく社会との関係に拠るのではなく，当該館独自の成立・発展史といった内的要因のみにとらわれることにならないか。川崎良孝(かわさきよしたか)は，ウォルター・ホワイトヒル『ボストン市立図書館100年史：栄光，挫折，再生』(日本図書館協会，1999)の「訳者あとがき」で一館史の問題点について，次のように述べている。

　　おうおうにして，30年，50年，100年といった時を意識して出される場合が多く，執筆者もその図書館の館長とか幹部といった場合が多かった。そうした業績の多くは好ましい出来事を大きく扱い，一方，問題点や逆境の時代はさらりと扱われたり，そうでなくても結局は克服されるのである。また図書館の内的発達だけを追い，それが社会の中で果たしている役割を看過する場合が多かった。もちろん視点，問題意識，方法，史料の収集の点で問題がある業績も多かった。

編年体・記念誌的な図書館史が多く輩出される理由である。

## (3) 図書館活動を検証する

　ではどうしたらよいのだろう。歴史を研究するためには，事実を裏づける資料を，解釈したり，批判したり，評価することは避けて通れないと考えるべきである。社会が変化するなか，地域の人びとに対して図書館がどのようなサービスを利用者に提供してきたのか，図書館員が自ら資料を選択し，批判的に向き合い，解釈や評価の妥当性を検証する姿勢こそが求められる。これは歴史の書き手になる以上，越えなければならないハードルである。

　社会における図書館の役割，地域住民との関係づくりなど，図書館における活動をどのように検証すればよいのか。過去について検証することは，どうしても現在の考え方，価値観が基準になる。これは現在の位置から距離を置いて現在のあり方を批判的にとらえられるようにすることでもあるが，それは大変むずかしいことである。歴史に向きあうということは，過去だけではなく，現在についても評価の対象になるとの覚悟を要する，ということである。

　前述の『神奈川県図書館史』(神奈川県立図書館，1966) は，社会構造とのかかわりのなかに図書館を位置づけた図書館史として知られている。では，これまで個別の図書館史に関してはどのように研究が進められてきたのかを見てみよう。

## (4) 検証の視点

　近年刊行されたなかでは，『中之島百年　大阪府立図書館のあゆみ』(大阪府立中之島図書館百周年記念事業実行委員会，2004) の「序章」に注目したい。「現在の図書館という存在をひとたび相対化し，今一度歴史の流れのなかに図書館のす

がたへと達していく過程を写してみること」との執筆意図が明らかにされている。この編集方針は全体に及び，同書には商業都市大阪，大阪文化などと称される独特の風土のなか，大阪図書館の発足以来，各種の事業が展開されてきたことが記されている。

　江東区立深川図書館は，80周年を機にまとめられた「調査報告書」を100周年の記念誌編纂に際し根拠資料とした。この報告書は，東京公立図書館史研究会によって作成されたもので，大正期に東京市立図書館が本格的な市民サービスを開始した経過について，詳細に検討している（『深川図書館100年のあゆみ』江東区教育委員会，2009）。

　また，個人の著作であるが，津村光洋は，鳥取県立鳥取図書館の創設期の人びとの活動を掘り起こし，同館が郷土のジャーナリズムや教育の分野など地域の文化活動に深くかかわっていたことを明らかにした（『図書館の屋根の下で：戦前の県立鳥取図書館をめぐる人々』著者刊，2009）。

### (5) 実践を資料にとどめる

　図書館史に限らないが，現代史は書き手が同時代に位置することから，評価を定めることがとりわけむずかしい。小柳屯は，公立図書館が「日本の社会にまだ本当には定着していない」との問題意識のもと，自身の図書館実践を軸に，1960～70年代における大牟田市立図書館の変革の様子を描いた（『木造図書館の時代：『中小レポート』前後のことを中心に』石風社，1999）。

　また，八日市市立図書館（現・東近江市立八日市図書館）は，歴史をとらえる時期が10年間と短いものの，図書館サービ

スを再評価する姿勢がうかがえる。1992年に周辺住民に対して利用制限を実施したことを,「なぜ貸出冊数『10万冊減』を打ち出したか」と問い直す。図書館協議会,当時の資料,市外市民の要望,それに対する館長のコメントなどを併置することによってサービスを検証し,相対化することに成功している(『八日市市立図書館(新館)開館十周年記念を記念して』八日市市立図書館,1996)。

## 1.5 資料へのアクセス

歴史には史資料がつきものである。図書館史の場合は,多岐にわたる。何かの史資料に付随している場合もあれば,倉庫(書庫ではなく)に収められたまま死蔵されていることも少なくないようだ。それらの資料を,機会をみて再編成することも図書館史の範疇に入ると考えるべきであろう。

### (1) 資料収集への関心の高まり

図書館史研究のための史資料には,すでに刊行されたり雑誌などに掲載された図書館史のほかに,新聞,雑誌などの関係記事,図書館員による著作,図書館の要覧,図書館報,図書館協会報といった発行物がある。一次的な資料には,図書館の業務日誌,事務(内部)文書などがある。聞き取りによる証言なども内容によってはこれに匹敵する。

客観的な史実を明らかにするためには,これらの資料にアクセスし,収集,解釈,評価を行わなければならない。この一連のプロセスを資料批判という。図書館史研究は,公刊された資料だけに頼っていた時期から,一次的資料の使用,も

しくはこれまで明らかにされていない資料を探求する時期へと移ってきた。このことを端的に示すのが次の論議である。

2007年,「エビデンスベーストアプローチによる図書館情報学研究の確立」とのワークショップに「図書館史研究」が取り上げられた(「図書館史研究にとってエビデンスとは何か?:エビデンスベーストアプローチによる図書館情報学研究の確立　第5回ワークショップ」(http://www.slis.keio.ac.jp/~ueda/eba/5.html　引用:2010.4.26)。ここで三浦太郎は,図書館史におけるエビデンス(証左)について,第1に,資料を収集し,それらを批判的に検討し,歴史的な事象を構成することが重視される傾向にあり,第2に研究対象である図書館現象については,研究者の問題意識に基づいて,解釈,構成していくことが求められる,と課題を整理,そのためには新たに資料を収集する必要があるとした。

小黒浩司は,資料の限界を補う方法に聞き取り調査があることを指摘,オーラルヒストリー研究会による「中小レポート」に関する調査を例にあげ(オーラルヒストリー研究会,前掲書),「徹底的な関係資料の収集とその分析」を行った上で,「疑問点を整理して質問項目」を組み立てるなど,研究方法の検討と周到な準備の意義を述べた。一方で,図書館における記録・文書の作成と保管に関する問題意識が不足していることと,その非公開性を批判した。

また,吉田右子は,「アメリカにおける図書館史研究の動向」について述べるなかで,「エビデンス」の重要性に言及し,論文を執筆する際の枠組みと分析概念に新たな視点を導入することが求められるとした。とりわけ,批判の対象を周縁文化に置くことで,支配構造を乗り越えるようなラディカ

ルな行動を起こしたことなどが明らかにできると指摘した。

## (2) 資料の発掘

　図書館史研究に対する問題意識の高まりと資料発掘とは密接な関係にあると言ってよいであろう。論文などに資料を使用することは，そのことによって資料を紹介することにもつながる。吉田昭子による坪谷善四郎や伊東平蔵研究（たとえば吉田昭子「加茂市立図書館坪谷善四郎関係資料とその意義」『Library and information science』62号，2009）はその好例といえる。また，坂本龍三は函館図書館の「日誌」（坂本龍三「第二次大戦下のある地方図書館の日々：『市立函館図書館日誌』より」『北海道武蔵短期大学紀要』開学25周年記念号，1992）を，小黒浩司は上田市図書館の「日誌」（小黒浩司「戦前期図書館統制の研究：上田市図書館『日誌』を読む」『図書館界』61巻3号，2009）などの関係資料を仔細に検討するとともに資料の所在も明らかにしている。これらをOPACからアクセスするのは現在のところむずかしいようであるが，十分ではないにしても資料公開への道は開かれていると言える。

## (3) 資料を共有し，伝え，残すには

　個別図書館史研究に必要な資料の多くは，当該館，あるいはその周辺に存在する。では，資料へのアクセスに問題はないであろうか。資料批判のプロセスからすると，研究のためにはおおむね収集，解釈，評価を経なければならない。だが，解釈，評価は歴史認識にかかわることであり，詳細は別の機会に譲り，ここでは収集について考えてみたい。

　公開・非公開の順に具体例とともに見ておこう。資料への

アクセスを可能にするためには,目録が公開されていなければならない。富山県立図書館は,間宮不二雄の旧蔵書をもち,『間宮文庫目録』(富山県立図書館,1970),『間宮文庫図書解題』(富山県図書館協会,1991) を作成している。鹿児島県立図書館では,OPAC で同館館長が残した「加治屋哲日記」などが検索できる。

　復刻,複写も,利用者が資料にアクセスするための重要なツールである。『市立図書館と其事業』は,1921 年に創刊された東京市立図書館の「館報」である。かつては所蔵館が限られていたが,2003 年から 2005 年にかけてフジミ書房から復刻された。図書館や図書館員の「日誌」も,復刻されることによって多くの利用者がその存在を知ることになる。「渋谷日記」はその一例である (渋谷國忠,金子紘一復刻『昭和二十年の前橋市立図書館:第七代館長渋谷國忠の残した事務日誌』前橋市立図書館,2002)。

## (4) 資料の整理と保存

　非公開扱いの資料は,利用者にとっては利用を制限されていることを意味する。未整理,内部(事務)文書扱い,不明などがこれに該当する。資料を所蔵する図書館は,公開とともに(あるいはそれ以上に)保存を課題としている。そのため公開がなじまないとの図書館側の判断,もしくは紛失をおそれるあまり公開をためらう場合も少なくないと思われる。だが,いずれにしても線引きの不透明感は否めない。

　研究者への支援とともに,自館の担当者以外の図書館員,さらには次の世代の図書館員に資料の存在とその価値を伝えることも図書館の役割ではないか。情報が共有されるよう,

館内研修などによって徹底したい。

## 1.6 課題と展望

　本章では，図書館員による図書館史研究の可能性を検討した。筆者は，可能であると考えている。その上で，課題をあげるとすれば，現代の図書館について問題意識をもち，その視点で歴史を再構成すること，のひとことに尽きるのではないか。

　したがって，図書館史研究の方法としては，歴史書を読むことはそれなりに意味のあることではあるが，それよりもむしろどのように読むのかということのほうが大事なことのように思われる。図書館と社会とのかかわりであるとか，地域の変化のなかに図書館がどのように位置づけられてきたのかなどといったことについて，自らの課題意識によって，ある事実なり現象なりをとらえ直すことである。歴史を考えるためにはそのような行為の積み重ねがどうしても必要になってくる。

　図書館員の本業は，利用者への支援や調査の援助などであるが，ときには自らが主体となり，関連の資料を利用したり，調査をすることも含まれるのではないだろうか。自分自身の課題を自ら解決するその当事者となることによって，利用者をサポートするためのスキルを蓄積することができる。また，本務以外で資料の整理や保存のための方策を講じる機会があれば，これらの仕事にも積極的に携わりたい。これらは雑用ではなく，図書館史研究のための環境整備と考えるとよいのではないだろうか。

われわれは，ともすると移ろう時の流れのなかにあって，遠い未来の存在を視野に入れず，むしろないものと考え，判断を下すことがある。現在の価値観を優先させる，との立場をとって。しかし，ひとたび未来に立って現在を見るとき，いま，ここにいる自分がどのように映るのかを知ることができる。それは自らのなかに他者をもつことであり，これこそが学ぶことの本質でもある。図書館で仕事をするという意味をあらためて考えてみたい。

　この本の読者が，実際に図書館の歴史をまとめるときに考えてほしいこと，準備のために必要なこと，具体的な留意点などを第7章にまとめたので，ご覧いただきたい。

**付記**　図書館史研究の際には，必ずと言ってよいほど年表を作成する。多くの研究論文に掲載されないのは，論証が主となるからであろう。単行本には載せることが多い。個別の図書館史の場合，多くは掲載されているがないものもある。読者にとって年表は索引と同じ活用ができるので作成すべきであろう。なお，年表に関するこれまでの研究，作成方法については「第7章　図書館の歩みを残すとき」の「図書館年表編」にまとめた。あわせてお読みいただきたい。

＊本章は，「図書館史研究をどう進めるか」（特集　調査研究法をどう学ぶか）『現代の図書館』（48巻2号，2010.6）に，大幅に加筆修正したものです。

# 2章 図書館員の役割

**【現代からの視点】**

　図書館の仕事は，サービスひとつをとっても長期的な展望をもって実施されなければならない。これに対し図書館員は，地域における研修などをとおして経験を蓄積し，組織的な仕事のあり方を学ぶことで司書としての役割を果たせるようになる。とするなら，非正規雇用の職員にこうした仕事のしかたを期待できるのだろうか。

　近年，指定管理者制度，業務委託など経営の多様化が，図書館運営に深刻な影響を及ぼしている。図書館の専任職員数が減少し，非正規雇用の職員が急増している現状をどうとらえたらよいのだろうか。図書館も社会を構成する一員である以上，社会の影響を受けないわけにはいかない。しかし，だからといってすべてを社会的な理由で済ませるわけにはいかない。問題はそう簡単ではない。

　この国に近代図書館が誕生したとき，すぐに図書館員が生まれたわけではない。図書館員と呼ぶべき人たちはいたはずである。だが，司書が誕生したのはしばらく経ってからのこと。図書館員は同志を募り，組織をつくり，情報を交換し，互いの技量を高めるために学習し，議論を積んできた。

　戦後も図書館員は，さまざまな運動とともに横断的な協力・連携態勢のなかで，研鑽を積んだ。高度経済成長とともに図書館が整備されたことは事実だが，それを可能にしたのは図書館員の努力でもある。いま，図書館員に求められているのは，課題を自らのものとしてそれに取り組む姿勢ではないか。

## 2.1 図書館界の誕生

| | |
|---|---|
| 1892.3.26 | 日本文庫協会設立 |
| 1892.12.10 | 西村竹間『図書館管理法』刊（1900, 1912改訂）|
| 1898.5.14 | 図書館従事者合同懇話大会（全国図書館大会の起源）|
| 1899.11.11 | 図書館令公布 |
| 1900.1.5 | 関西文庫協会設立 |
| 1900.5.19 | 日本文庫協会, 初代会長に田中稲城選出 |
| 1901.4.- | 関西文庫協会『東壁』創刊（～4号, 1902）|
| 1907.10.17 | 日本文庫協会『図書館雑誌』創刊 |
| 1908.3.29 | 日本文庫協会, 日本図書館協会に改称 |
| 1915.10.23 | 日本図書館協会『図書館小識』刊 |

このコンパクトな図書館史を図書館界の成立からはじめようと思い、手もとの用語辞典を引いてみたら、載っていない。自明のことだからか。いずれにせよ日本においては、日本文庫協会（1908年に日本図書館協会）など図書館員を中心とした集まりがその起源ということになるのだろう。

そこは図書館員の組織化、研修などをとおして情報の共有をはかる場でもあり、あるときは現状を打破するための拠点となり、さらには将来を展望する場でもあった。

### (1) 二つの図書館協会

1892（明治25）年3月、東京図書館長田中稲城（1856-1925）が主唱、3名の発起人、会員25名により日本文庫協会が設立された。アメリカ、イギリスについで世界で3番目のことであった。

協会設立後,最初に着手したのが「和漢図書目録編纂規則」の作成(1893年)で,併せて年4回の例会を実施した。1898年5月には,会員外の参加者とともに図書館従事者合同懇話大会が開かれた。これは後年の全国図書館大会の素地となる。その後も年に2回程度例会は行われ,毎回20名前後の出席者があった。1900年5月の春季大会で会長制が実施されることとなり,初代会長に田中が選任された。

　一方,関西では1900年1月,京都帝国大学附属図書館長の島文次郎(しまぶんじろう)(1871-1945),同館の秋間玖麿(あきまたくま)(1871-1945),笹岡民次郎(ささおかたみじろう)(1870-19??)が中心となり,関西文庫協会を発起,翌月44名で発会式を行った。日本文庫協会の会員数が,この時期,会員を東京に限定したため38名にとどまったのに対し,関西文庫協会は,翌年4月現在で14府県,台湾1の計105名,11月には161名を集めた。それは会員について「文庫ノ事務ニ従事スル者及図書ニ篤志ノ輩」(「会則」第2条)と規定し,大学教授や書籍商を認めるなど,図書館員以外にも広く門戸を開いたことによる。同協会は,「図書館学」という用語をはじめて用いたり,無料公開を主張するなど進歩的な面を有した。1903年6月に第14回例会を開催したところで記録が途絶えている。その後活動を中止したと思われる。

## (2) 『東壁』と『図書館雑誌』

　関西文庫協会は,発会の翌年1901年4月に,機関誌『東壁(とうへき)』を創刊した。図書館に関するはじめての雑誌である。この雑誌は,主張,論説,雑録,解題および批評,会報によって構成されていた。同文庫協会は早くに解散したため,『東壁』は4号で終刊するが,編集の体裁並びに記事の内容は,

後発の『図書館雑誌』の創刊号と類似していることから、少なからぬ影響を及ぼしたとされる（岩猿敏生「東壁について」復刻版『東壁』所収）。

1900年11月、日本文庫協会は、秋季例会で機関誌を出すことを決めている。『東壁』の創刊よりも前になるが、実現しなかった。再び発行の機運が高まったのは、6年後の1906年12月の特別委員・評議員合同会のときで、翌年6月の夏季例会において「本会機関誌発行の件は書肆丸善の好意に頼ること」が決められた。和田万吉（1865-1934）が編集委員長になり、「発刊費に就きては内田委員の尽力により丸善の寄附を待つこと」となった。

●『東壁』創刊号

内田委員とは、魯庵（1868-1929）のことである。魯庵は、作家活動の傍ら、丸善本社書籍部門の顧問であった。和田の熱意に惹かれて出版費用の援助を申し出たという。1907年10月、『図書館雑誌』を創刊すると、丸善は毎号80円を関東大震災までの18年間補助した。その額は各号の経費の2分の1から3分の1に相当した。協会は独自のメディアをもつことで、広く図書館界に情報を発信、図書館運動を推進することを可能とした。

## (3) 図書館の進むべき方向と課題

この時代にふさわしい図書館とはいかなる図書館であったのか。1892年12月、日本文庫協会ができた年に西村竹間

2章 図書館員の役割………27

(1850-1933) により図書館運営のための手引き書『図書館管理法』が刊行された。現在の図書館ハンドブックと考えればよいであろう。その後1900年7月に文部省『図書館管理法全』、1912年5月には文部省『図書館管理法　改訂版』と2度改訂がなされた。1900年の改訂は、1899年の図書館令公布、1912年のときは1910年のいわゆる小松原訓令を受けていた。それぞれの図書館政策の趣旨を徹底させるとの意図によるものであった。

1912年改訂には「第2，近世的図書館ノ特徴」がある。近世とはこの当時のこと。その特徴を無料制、書庫の開放、児童閲覧室、図書館と学校との連絡、分館制、巡回文庫の6項目とする。当時の事情をそのまま反映したものではないにしても、山口県立山口図書館の諸活動を評価、図書館の普及について将来の方向を明示した内容となっている。

1915年7月、日本図書館協会は大正への改元による祝賀行事の一環として、「御大礼記念図書館設置意見」を建白し、広く図書館の設立を働きかけた。建白書の冒頭には「図書館の必要について」を掲げ、「図書館は学校以外に於ける自修機関」であり、「社会凡百の問題に対する調査研究所」であるとともに「高等なる公衆慰藉場」と位置づけた。これをそれぞれ、現在の用語に置き換えれば、教養としての読書の場、調査研究のために資料を利用する場、レクリエーションとしての読書の場、ということになる。

このとき日本図書館協会は『図書館小識』を発行して、会員や行政の長や機関などに配布した。同書は翻訳調ではあったが、図書館の現場で実際に運営に当たる者を読者に想定し、手引き書として利用できるように配慮されていた。

## (4) 図書館運動の担い手として

この呼びかけの結果，1年ほどの間に，全国で1,307の文庫・図書館がつくられた。どんな図書館だったのか。この数字を見ただけでも，小規模な文庫が多かったことは想像にかたくない。

その10年後，1922年4月の第17回全国図書館大会で，和田万吉は「図書館運動の第二期」と題して講演し，全国に図書館は1,600から1,700もあるが，実態は貧弱で行き詰まりの状態にあると述べた。このとき第1期から第2期への移行期にあるとして，次のように課題を整理している。第1，すでにある図書館の充実，第2，図書館の一層の普及，第3，さまざまな利用者の要求に即した種類の図書館の必要性，第4，帝国図書館を国立の図書館として拡充すること，第5，高等専門諸学校図書館の充実（『図書館雑誌』50号，1922.7）。

和田は，公共図書館について，このあとすぐに「地方文化の中心としての図書館」を『図書館雑誌』（51号，1922.12）に掲載，地域に根ざした図書館をめざすべきことを論じている（59号，61号，1924.7，9にもほぼ同じ内容を再掲）。

『図書館雑誌』は関東大震災の翌年の1924年1月以降，それまでの季刊から，年間の発行を10回～12回へとあらためた。図書館界は自らが担うべき役割を認識，運動の主体としての重要性を高めていった。

## 2.2 図書館員養成への道のり

| | |
|---|---|
| 1903.8.1 | 日本文庫協会,第1回図書館事項講習会を開催（大橋図書館・〜8.14） |
| 1906.3.20 | 第1回全国図書館〔員〕大会 |
| 1908.7.25 | 文部省,図書館事項夏期講習会（東京・〜8.14） |
| 1909.10.3 | 山口県図書館協会結成（地方図書館員の組織化） |
| 1911.8.- | 佐野友三郎,『師範学校教程図書館管理要項』自費出版 |
| 1916.8.1 | 日本図書館協会,第2回図書館事項講習会（東京・〜8.14） |
| 1919.6.11 | 文部省普通学務局第四課を設置,社会教育事務を所掌 |
| 1919.9.22 | 文部省図書館講習会（〜10.3） |
| 1920.2.- | 文部省,図書館事業研究調査委員会を設置 |
| 1921.6.1 | 文部省図書館員教習所開設（東京美術学校構内） |

　日本図書館協会では、早くから図書館員養成の必要性について論議がなされ、まずは自前で講習会などを実施するが、継続には苦心した。そこでたびたび文部省に建議したが、実現したのは1921年になってからのこと。一方で佐野友三郎(1864-1920)は、師範学校での図書館教育を模索していた。

### (1) 図書館員養成の機運

　1903（明治36）年8月、伊東平蔵(1857-1929)が主唱して、新設なった大橋図書館で2週間にわたり日本文庫協会主催の図書館事項講習会が開かれた。協会が発足してから10年余、図書館実務者の養成が大きな課題となっていた。これがこの国の図書館養成のはじめであり、同時に協会にとっても実

質的な意味での第一歩というべき事業であった。30名の募集に54名の申し込みがあり、37名が修了書を受けた。

講習科目は正科のほか「統計学一班」「カード目録」などの科外講演もあった。図書館の普及とと

●第1回図書館事項講習会

もに、図書館事務用品の必要性や規格統一などを求める声も高まっていたことによるのであろう。講習終了後、同館に対して図書館設立の準備、図書整理の方法などの問い合わせが多く寄せられた。同館ではこれに回答するだけでなく、カードやカード函の調製の斡旋もしたという。

1905年5月、協会は、例会において同じく伊東の提案を受け、第2回目の講習会の開催を決めるが、申し込みが定員に達せず、中止となる。翌1906年3月、第1回全国図書館大会を開催、ここで図書館事項講習会を文部省の事業とすることを決議、翌年文部省に建議した。これによって1908年7月から8月にかけて文部省の図書館事項夏期講習会が開かれた。ところがこれも第1回の開催のみで、定期的な開催の実現には至っていない。講習会と併行して、協会は、第2回全国図書館大会（1907年）、さらには第5回大会（1910年）においても文部省の事業として図書館員養成所を設置するよう建議、申し入れを行った。このときには図書館員養成所設置方法調査委員会が設けられたが、それ以上には進展しなかった。

## (2) 佐野友三郎による模索

　この頃，文部省に養成所の設置を建議することとあわせ，師範学校に図書館教育を導入する動きがあった。それは地方の図書館の状況をふまえた上での現実的な対応とも言えよう。

　1909年10月，山口県立山口図書館長の佐野友三郎の呼びかけにより，山口県内図書館関係者大会が開催された。佐野は，このとき「米国図書館事情」について講演し，図書館関係用品を展示した。展覧品目録によれば，県内5点，他府県38点の公共図書館の写真やカード目録などのほかに，アメリカの用品を32点出品している。地方図書館員を組織化するとともに，図書館運営のための標準的な業務を知る機会としたのであろう。佐野は，図書や雑誌などによってアメリカ図書館界の情報をいち早く入手，それらを図書館運営に反映させることによって図書館の近代化をはかろうとした。

　なかでも図書館員養成は急務であった。1911年8月，佐野は米国教育会編『師範学校教程図書館管理要項』の抄訳を自費出版した。全米教育協会（National Educational Association）特別委員会が作成，1906年に出版した師範学校の図書館教育カリキュラム案である。佐野は，町村図書館の管理が小学校校長や訓導に委ねられている現状から，小学児童の読書趣味を養成するには，教師に図書館の管理法を学ばせることが早道だと考えたと思われる。これには田中稲城も和田万吉も好意的であった。上記の抄訳が『図書館雑誌』20～25号附録（1914.4-1915.12）に6回連載されたことは，館界の期待の反映と言ってよいのではないか。

### (3) 図書館講習会の開催

 日本図書館協会の動きに戻ろう。1915 年 5 月，第 10 回全国図書館大会において，図書館管理法を師範学校の教科目中に編入するという建議がなされる。ところが同年 9 月，協会評議員会で協議されたものの諸般の事情により実現は見送られる。翌 1916 年 10 月，第 11 回全国図書館大会では，同案件が当局へ「進達」されたことが報じられているがこれも実現していない。

 その一方で，1916 年 8 月，協会は第 2 回図書館事項講習会を主催した。1903 年以来 13 年ぶりのことであった。全国から 117 名が受講，佐野は病を押して上京，「図書館管理法一般」と「巡回文庫」を講じている。

 図書館員養成の動きに変化があらわれたのは，1918 年 6 月に行われた文部省主催による全国府県立図書館長会議のあたりからで，この会議には各府県から 14 名が出席した。第 3 日目には「府県師範学校科目中ニ図書館科ヲ置ク件」，「図書館員養成ニ関スル件」が協議されている。前者は「文部大臣ニ陳情ス」，後者は「緊要ト認ム」とされ，「其実施方法ハ更ニ考究ヲ要ス」との取扱いがなされた。その効果があったのであろう，翌 1919 年 9 月から 10 月にかけて，文部省図書館講習会が開かれた。このときには 97 名が受講している。

 地方でも，図書館に携わる教員などを対象に，図書館管理法などの研修を行う図書館講習会が開催された。

### (4) 図書館員教習所の開設

 1919 年 6 月，文部省に普通学務局第四課が置かれ，図書館など社会教育事務を所掌することとなる。初代の課長乗杉

嘉寿（かじゅ）(1878-1947)は，第一次世界大戦後の戦後経営を模索するなかで，社会教育行政の振興を重視，社会教育機関としての図書館に注目していた。

翌1920年2月，文部省は図書館事業研究調査委員会を設置する。5月，協会は図書館員待遇問題に関する委員会を設け，7月には「図書館員待遇案覚書」を文部次官に提出，図書館員養成についての要望が高いことを伝えた。

養成所は，文部省が開設することになり，川本宇之介（かわもとうのすけ）(1889-1960)が起案することになる。川本もまた生涯にわたる自己教育機関に図書館を位置づけ，「図書館の発展は優良なる館員を要すること極めて大である」と図書館員養成に意欲を燃やしていた。1921年1月，川本が乗杉と協力して文部省に図書館学校の創設を建議，3月に大臣決裁を得た。

同年6月，文部省図書館員教習所が開設された。講習期間は40週間で，入所資格は中学校・高等女学校を卒業した者，ただし現在図書館に従業せる者はこの限りではないと規定した。定員は20〜30名，教室には東京美術学校の一部を使用した。初年度，入学を許可された者35名（うち女5名），卒業者は17名（うち女4名），ここにこの国の図書館員養成機関が正式にスタートした。

以降は，1922年帝国図書館附属，1925年図書館講習所，戦後は1947年帝国図書館附属図書館職員養成所，1949年文部省図書館職員養成所と変遷した。1964年には図書館短期大学設置（これに伴い図書館職員養成所廃止），その後国立大学の再編などにより，1979年図書館情報大学，2002年筑波大学図書館情報専門学群となる。

## 2.3 図書館界における規格の統一, 標準化

| | |
|---|---|
| 1903.8.1 | 日本文庫協会主催, 第1回図書館事項講習会（大橋図書館・～8.14） |
| 1924.4.- | 間宮商店『図書館研究』創刊 |
| 1925.10.5 | 『図書館辞典；欧和対訳』刊 |
| 1927.11.15 | 青年図書館員聯盟設立 |
| 1928.1.- | 青年図書館員聯盟『圕研究』創刊 |
| 1929.8.25 | 森清編『日本十進分類法』刊 |
| 1930.8.10 | 加藤宗厚編『日本件名標目表』刊 |
| 1943.3.10 | 青年図書館員聯盟編『日本目録規則』刊 |
| 1948.9.11 | 国立国会図書館に対しダウンズ勧告 |
| 1948.12.15 | 文部省『学校図書館の手引』刊 |

日本文庫協会が最初に取り組んだ仕事は, 目録規則の編纂であった。しかし, 整理技術三大ツールをはじめ図書館における規格の統一, 標準化を実現したのは, 間宮不二雄（1890-1970）率いる関西の若い図書館員集団であった。

現在, われわれは何の疑問も持たずに『日本十進分類法』（NDC）を標準分類と見なし, 使用しているが, この分類が標準化されるまでは, NDC の発表から数えても約 30 年の歳月を要した。

### (1) 図書館業務の標準化

間宮は, 13 歳で丸善に入社。アメリカ遊学後に東京銀座の黒沢商店, 1921（大正 10）年に大阪で独立自営, 翌年間宮商店を創業, 図書館用品の生産販売をはじめた。

間宮は，図書館の刷新はまず整理の合理化にありと，最初にカードの大きさの規格化（標準化）に着手する。1924年4月，『図書館研究』を発行した。第1巻が「カードノ話」で，以降，見出しカード，カード容器と，7巻（1926.5）まで発行した。間宮は，図書館用品・備品について解説，これらの普及につとめた。1925年には図書館用語統一のため『図書館辞典；欧和対訳』（文友堂書店）を出版している。

　1926年の秋，間宮に『図書館雑誌』編輯・発行の話が突然舞い込む。関東大震災によって日本図書館協会（JLA）の運営に支障が生じ，さらには創刊以来補助をつづけてきた丸善が震災で被災し，雑誌補助費用の捻出が困難となったことによる。11月，JLAは大阪府立図書館長の今井貫一(いまいかんいち)を理事長に選出，今井は自らの監督下で雑誌発行にかかる実務一切を間宮に依嘱する。

　これに対し間宮は，雑誌の発行を請け負うだけではなく，月刊の完全実施（それまでも月刊だが不安定），縦組みから横組みへの変更，仮名は平仮名，外国語は原字のままを表記，数字はアラビア数字を使用して，通号を年号（巻号に相当）表記に変更，各号ページを年間通しページとする誌面の刷新を提案した。横組み以外は承認された。

　『図書館雑誌』は執筆者も一新して，記事も多彩になった。84号から102号までの12号を間宮が発行，以降は東京へ戻された。

## (2)　青年図書館員聯盟の結成

　1927年11月，関西の若手の図書館員を中心に青年図書館員聯盟（以下「青聯」）が結成される。間宮は創立委員で，

1929年から解散（1943年12月）まで書記長をつとめた。事務所は間宮商店に置かれた。青聯は，結成に際し「諸種の範式を確立して管理法の組織化，単純化を図り，各種の協同事業，相互事業を促進し」図書館の総体的能率的増進をはかるなどとする「宣言」を発表した。このとき「綱領」も示している。

　一，図書館員教養の向上
　一，図書館管理法準則の確立
　一，図書館設立経営の指導
　一，図書館員の社会的地位待遇の改善
　一，単一図書館聯盟結成の促進

青聯は，図書館用品の規格の統一，標準分類法，目録規則などの整備に着手した。また，図書館学講座を開催し，『圕(としょかん)及書誌学関係文献合同目録』『圕総覧』といった基本文献出版などの事業を展開した。1928年1月には『圕研究』を創刊，間宮はその編輯を主管し，解散の年まで16巻1号を発行した。

## (3) 整理技術三大ツールの標準化

われわれがNDCとして知る「日本十進分類法」は，森清（1906-1990）によって『圕研究』創刊号に発表された。これが翌1929年に，森清編『日本十進分類法』（NDC）として刊行された。間宮は同書に，分類法標準化の実現を望んでいると序文を寄せた。同様に，加藤宗厚(かとうしゅうこう)編『日本件名標目表』（NSH），青聯編『日本目録規則』（NCR）のいずれも青聯の会員により『圕研究』上に発表され，それぞれ1930年，1943年に間宮商店から刊行されている。

これらが整理技術の三大ツールと言われるようになるのは後年のことであって,『日本目録規則』にしても, JLA とは「主記入論争」へと発展し, 決着までには時間を要した。

　ここでは分類にしぼって話を進めよう。現在の公共図書館では, 一般に NDC により共通の分類がなされているが, 分類法の統一には, 戦前までにおおよそ3度の機会があった。最初は, 1910年の第5回全国図書館大会において「我国における分類を一定すること」が提起されたときで, 次は1918年, 文部省主催全国府県立図書館長会議において「標準図書分類法制定ニ関スル件」が出されたときである。ここで山口県立山口図書館の百区分の採用が決まるが, 普及には至らなかった。そして, 3度目が1931年の第25回全国図書館大会のときである。分類法統一に関し, 二つの議題が提出され, 調査委員会に結論が委ねられたが, これも進展しなかった。

　それでも1930年以降の JLA「選定新刊図書目録」に NDC による分類記号が付与されたこと, 文部省図書館講習所の分類の演習教材に NDC が採用されたことなどにより, NDC を採用する館が徐々に増えた。また, 戦前から NDC を使用していた館に加え, 戦災に遭い復興再建を機に NDC を採用する館もあった。

## (4)　加藤宗厚と『学校図書館の手引』

　戦後においても, わが国の分類法は公共図書館にも学校図書館にも共通性がないのが実情だった。NDC が標準分類とされる大きな要因のひとつには, 国立国会図書館がダウンズ勧告 (1948年9月) に基づき和漢書の分類に用いたこと, も

うひとつは『学校図書館の手引』(文部省, 1948) に採用されたことがあげられる。

『学校図書館の手引』は当初, 連合国軍最高司令官総司令部(GHQ/SCAP) 民間情報教育局 (CIE) のグラハムのもとで編集が進められていて, そこで NDC の採用が決まった。ところが, 1947年5月, CIE 図書館の担当官キーニーが急遽帰国, バーネットが着任すると方針

●文部省『学校図書館の手引』

は一転する。10月, バーネットは NDC 採用について再検討を要請, 翌年4月, 一度はデューイ十進分類法 (DC) の採用が決まる。

これに対し, 文部省社会教育局文化課の課員だった加藤宗厚 (1895-1981) は, DC の採用による国内の混乱を憂慮して, 急遽委員間の意見をとりまとめバーネットに翻意を促し, NDC への変更を認めさせたという。占領下において, アメリカに抵抗することなど考えられなかった時代のことである。

1948年7月, JLA に分類目録委員会が設置された。8月の委員会で NDC5 版を底本として修正が行われ, これを標準分類法とすることが決定された。普及にはさらに10年以上かかった。ほとんどの図書館で NDC が使用されるようになったのは, 1950年代の後半になってからであり, 発表からは30年近くかかったことになる。

## 2.4 戦後における図書館員の組織化

| | |
|---|---|
| 1947.7.14 | 日本図書館協会（JLA），社団法人に認可 |
| 1947.9.3 | JLA，第1回定期総会，理事長に衛藤利夫 |
| 1949.6.9 | 有山崧，JLA事務局長（～1966.3） |
| 1950.4.30 | 図書館法公布（7.30施行） |
| 1950.6.28 | JLA，ワークショップ（研修協議会）の開催 |
| 1951.-.- | 東京都公立図書館長協議会（東公図）が結成 |
| 1955.5.23 | 図書館問題研究会（図問研）結成 |
| 1956頃 | 東公図（1951設立），1960年代にかけて最盛期 |
| 1957.12 | 図書館法改正草案をめぐって反対運動が起こる |
| 1960.10.14 | JLA，中小公共図書館運営基準委員会設置 |
| 1971.11.17 | JLA，全国図書館大会で図書館記念日を制定 |

　戦後，新体制づくりを進めていた大日本図書館協会は，1947年7月，社団法人の認可を得る。9月には理事長に衛藤利夫（えとうとしお）(1883-1953) を選任，日本図書館協会（JLA）の再興に向けてスタートが切られた。

　1949年6月に有山崧（ありやまたかし）(1911-1969) が事務局長となり，戦後体制が整った。有山が重視したのが，図書館員の質の向上であった。JLAは，組織の再編などをとおして山積する課題の克服にあたることとなった。敗戦，民主化を経て図書館員の世代交代の動きも加速化するなか，新たな図書館づくりを模索する若い力が台頭するのもこの時期であった。

### (1) 日本図書館協会の再生

　1946年6月，『図書館雑誌』(40年1号) が再刊された。こ

の号にはJLA総務部長となった有山崧が「協会の再建に際して」との一文を寄せている。それを見ておこう。

有山は，再建されるはずのJLAは「図書館の協会」でなければならないとする。それは実質的にも官庁の外郭団体としてしか機能し得なかった戦前の反省に基づいている。その上で使命を記す。第1にすべての図書館人に開放され（原文は「解放」），館界の総意の支持の上に成立すること。第2に館界の各種の要求を充足すべき公僕機関であること。第3に地方と中央との連絡機関であること。これらにつづけ，使命を実現するための具体的な方法について述べる。

JLAは，図書館界から遊離してはならないこと。図書館界もまた，一般国民，読書界，読者層から，つまりは図書の利用者から遊離してはならないと主張する。こうした立場からすれば，図書館協会は「図書館の協会」であると同時に「図書利用協会」として大衆に根づかなければならないとする。そして，図書館振興策の基調は，図書館と一般国民とを直結させることであり，「図書館を必然的に必要とするが如き国民の文化的状況を培ふこと」だと述べている。

もちろん，敗戦後1年にも満たない時期で，物資欠乏など生活基盤の再生が優先され，本も建物もなく，図書館員も不十分な状況下における方針であることを考慮しなければならないだろう。それでも有山が図書館協会に課した使命はここに明記されていると言えるし，現代に通じる提言のようにも思われる。

### (2) 図書館法成立後の動向

1950年4月，図書館法が成立。直後にJLA理事長中井正

一(かず)は,『図書館雑誌』(44巻4号)に「図書館法ついに通過せり」と題し「法案が通過したその最初の瞬間こそが最も大切な時である。すべての図書館の関係者は外部に向かって,その旨をつげ,その法のもつ遠い任務を説き,文化運動として,全大衆に向かって,即時行動を起すべきである」と図書館員に提起した。

同年6月,JLAは図書館法実施運用に関し,研修の実施を決める。11月から翌1951年3月までの間に全国の6ブロックに分かれてワークショップ(研修協議会)が実施された。これを企画したのが有山で,図書館法の趣旨の周知と図書館員の質の向上を意図してのことであった。

ところが,このとき早くも,いくつかの会場で図書館法改正に関する課題が出された。当時の指導的な立場にあった図書館関係者が,中央図書館制度や義務設置などを図書館法に盛り込むべきだと主張した。これが図書館法改正運動となり,以後10年近くJLAにおいて展開された。1957年12月には改正草案をめぐって,法改正に反対する運動が起こった。反対の意思を示した多くは若手の図書館員で,中央図書館制度によって戦前の図書館統制が復活することなどを指摘した。紆余曲折の末,1959年11月,JLA法改正委員会は,改正を正式に断念し,論議の収束をはかった。

その約10年後の1971年11月,創立80年を迎えたJLAは,第57回全国図書館大会において,4月30日の図書館記念日と図書館振興の月(5月)を制定した(翌年から実施)。4月30日は,図書館法が制定・公布された日で,この法律によって,無料公開の原則が定められ,図書館発展の基盤が築かれたことによる。1972年4月には初の図書館白書『みんな

に本を　図書館白書1972』が刊行された。

　なお，戦前は，1931年に帝国図書館長松本喜一が昭和天皇に図書館について「御進講」した日の4月2日を図書館記念日と定めたが（第1回，1933年），ここに正式に消滅することになった。あらためてJLAが，戦後体制を継承することを確認したと言える。

## (3) 図書館問題研究会の結成

　1950年，図書館法が成立するが，同年朝鮮戦争が起こり，翌年には日米安保条約が調印された。国内には民主勢力への圧力が高まり，人びとは言論に対する危機感をつのらせた。1952年，占領期から独立への過程で自衛力強化の論議が活発化するなか，『図書館雑誌』8月号で図書館の中立性に関する論議がはじまった。これらを経て，1954年の全国図書館大会において「図書館の自由に関する宣言」が採択された。

　この論議に参加した若手の図書館員を中心に，1955年5月，図書館問題研究会（図問研）が結成された。図問研は，「過去の図書館運営に対する厳しい反省の上に立って（中略）図書館奉仕の科学的研究，実践的な理論を確立する」（綱領）との目的を掲げた。結成当初は，当面の課題を，全国に運動を展開し，組織の拡大と「古い図書館思想」の克服に置いた。

　1960年代のはじめ，図問研は，JLAの図書館法改正の動向に注目，民主的な図書館運営を後退させてはならないとして，改正反対運動に取り組んだ。また，1960年から1963年にかけて実施された，JLAの中小公共図書館運営基準委員会の調査には，図書館の現場から多くの会員が参加，実践をとおして理念を形成することの重要性を学んだ。これによって，

一時期停滞気味であった会の活動が活性化された。

1960年代の後半以降は、貸出を伸ばす運動、住民の立場に立ってサービスをとらえ直す運動などを展開した。1970年代以降も社会の変化に応じて現場から問題を提起している。

(4) 東京における図書館員の組織的な活動

東京都では、1947年4月に日比谷図書館を除く区部所在の都立図書館の管理運営が23区に委任された。1950年10月、各区に移管されたのを機に、1951年5月、都立と区立図書館の連絡組織として、自主的な団体である東京都公立図書館長協議会（東公図）が正式に結成された。1955年頃、これに多摩地区の図書館長が加わり、図書館の政策的課題や専門的運営事項を研究協議する組織にあらためられた。

この協議会が活発な活動をするようになったのは、1960年代に入ってからで、区立図書館に専門職館長が発令され、清水正三（中央区立京橋図書館）、中島春之（江東区立城東図書館）、森博（大田区立洗足池図書館）の3人の館長が加わり、研究協議などへの積極的な取り組みが進められていくことになる。

同じ頃、地域における図書館のあり方についての研究や活動も盛んになった。東京の江東ブロック図書館協議会は、江東、葛飾、江戸川、足立、墨田の5区の公立図書館員によって組織され（発足は1952年、その後改組）、1968年には『住民と図書館　江東地区における図書館サービスの診断』（日本図書館協会）を刊行。ここでのエリア調査、基準は、その後東京都の図書館振興策に採用された。

## 2.5 図書館振興策

| | |
|---|---|
| 1962.2.22 | 都立日比谷図書館協議会「東京都の公共図書館総合計画　1962」 |
| 1963.3.31 | 日本図書館協会『中小都市における公共図書館の運営』刊 |
| 1963.10.24 | 東京都公立図書館長協議会（東公図）「東京都公共図書館の現状と問題点　1963」 |
| 1969.9.- | 都立日比谷図書館「東京都立図書館の整備充実計画」策定 |
| 1970.4.- | （東京）図書館振興対策プロジェクトチーム「図書館政策の課題と対策」（1971年度東京都中期計画） |
| 1972.3.- | 文部省の図書館関係予算5億円，前年の5.6倍となる |
| 1975.1.10 | 日本図書館研究会「滋賀県立図書館の基本構想に関する調査報告」 |
| 1981年度 | 滋賀県図書館振興施策がスタート |
| 1993年度 | 滋賀県，市町村立図書館の設置率34％に上昇 |
| 2010年度 | 滋賀県，市町村立図書館の設置率100％に |

1970（昭和45）年4月，東京都図書館振興対策プロジェクトチームによる「図書館政策の課題と対策　東京都の公共図書館振興施策」が策定された。これによって，多摩地域の図書館が整備された。1970年代の後半には大阪府，1980年代には滋賀県，栃木県，静岡県などが，図書館振興策を策定した。

ここでは，都道府県立図書館の役割に大きな転換をもたらした東京と滋賀の図書館振興策について，検討してみたい。

## (1)「東京都公共図書館の現状と問題点　1963」

　1962年2月，都立日比谷図書館協議会は「東京都の公共図書館総合計画　1962」を答申する。日比谷図書館を都内公共図書館の中心的な存在と位置づけ，都内各館に対する奉仕について具体的な方策を示した。

　これに対し東京都公立図書館長協議会（東公図）は，1963年10月，「東京都公共図書館の現状と問題点　1963」を公表した。報告書は，答申には一定の理解を示しながらも，都立図書館が果たす役割と計画が明示されず，司書職制度や多摩地域の記述が不十分であるなどと指摘した。そして，全域計画についても，区部には45館設置されているが，サービス人口に対して絶対数が不足していること，東京都が1,000万人の人口を擁しながら，64％の市，90％の町村で図書館が未設置の状況に置かれているなどと問題点を摘出した。区部に関しては，1.5km圏内に図書館が必要で，区内と多摩地区の格差を是正するよう言及した。

　その上で都立図書館は，区市町村立図書館の規模では不可能な図書館奉仕を実施すること，それとともに都下全図書館の育成発展のため，区市町村に対しては「図書館の図書館」として奉仕するという機能と役割を提示した。

　基本的な考え方についても次のように示している。奉仕計画を明確に示すこと。公共図書館の基本的なサービスを，「貸出」のもとに館内利用と館外貸出を併置，館内では開架閲覧により，貸出と参考相談事務がサービスの支柱であること。そして，都立図書館の役割に第一線図書館（市町村立図書館）の強化があり，相互貸借を軌道に乗せ，システムとしての図書館運営を展望し「市民」(citizen)のための図書館を

めざすべきことなどである。

## (2) 東京都の図書館振興策

　1969年1月，フランス文学者の杉捷夫(すぎとしお)が都立日比谷図書館長に就任すると，9月に「東京都立図書館の整備充実計画」を策定した。先に東公図が指摘した問題点について，それらを整理し政策段階に一歩進めたといえよう。この計画は，とくに区部と多摩地域の格差解消を緊急の課題と指摘し，東京都の図書館について，市民のシビル・ミニマムを約束する文化施設であることを明記した。

　同年11月，東京都図書館振興対策プロジェクトチームが編成され，翌1970年4月，「図書館政策の課題と対策　東京都の公共図書館振興施策」が報告される。ここには，都が果たすべき行政課題とこれらを設置促進するための行政指導，そして，財政援助として施設費や資料費の補助が明示された。

　1970年11月，都の中期計画（1970年）に図書館の整備充実計画が発表され，振興策は，1971年度から行政施策としてスタートした。1972年3月，文部省の図書館関係予算が5億円，前年の5.6倍となる。都の振興策が国に大きな影響を与えた。

　ところが都の財政難により，振興策は1976年度で中止が決まる。このとき住民などにより反対運動が起こった。これによって振興策が復活されることはなかったが，施策が中止された後も多摩地域の図書館では都の施策の基準を目標に，自治体独自の施策によって図書館づくりが進められ，図書館設置率などが目標を大幅に上回る結果となった。都の図書館施策にかかる補助金の交付要件に，司書有資格館長，専門職

員の配置，図書費補助が規定されたことも，多摩地域に質の高い図書館活動を実現させる大きな要因となった。

### (3) 滋賀県の図書館振興策

滋賀県立図書館は，1961年から1981年の第21回まで「本を読むお母さんの集い」（第15回までは「本を読むお母さん大会」）を開催していた。1982年にはこれを引き継ぐかたちで「読書の輪を広げる県民の集い」を開催しているが，1985年の第4回で中止，読書運動から図書館振興へと方針が転換された。

1975年1月，日本図書館研究会が「滋賀県立図書館の基本構想に関する調査報告」を報告。1980年3月，滋賀県図書館振興対策委員会によって「図書館振興に関する提言」がまとめられ，1981年度から滋賀県図書館振興施策がスタートした。滋賀県は，市町村立図書館の設置率が全国で最も低いことから，図書館振興を県立図書館の重要な役割に位置づけた。図書館建設費，移動図書館車の購入費の補助に加え，一定の基準を上回る館に対しては，開館後3年間につき図書購入費の3分の1を補助する。図書購入費に関し，開館後も図書館の運営水準を維持するために一定の交付条件を設けたところに大きな特徴があった。これに加え県は，市町村に対し図書館を新設する際には，開設準備の段階から専任の専門職館長を採用することを働きかけた。

1980年代の後半，振興策のさらなる推進がはかられた。1988年4月，滋賀県教育委員会が「市町村立図書館の建設に向けて」，同年10月には滋賀県図書館振興懇談会が「湖国の21世紀を創る図書館整備計画」を公表した。

## (4) 図書館振興策のその後

　2007年6月,滋賀県社会教育委員会議が「滋賀の図書館のあり方について（答申）」,2008年10月には滋賀県教育委員会が「これからの滋賀の図書館のあり方（指針）」を公表した。引きつづき図書館振興策への取り組みがうかがえる。

　滋賀県内の図書館数は,振興策実施前の1980年の6館（設置率10 %）から10年後の1990年には17館（32 %）,20年後の2002年には,9市31町で40館（80 %）と全国一の設置率を達成した。2004年に市町村合併がはじまり,2006年には自治体数が26となり,2010年度には設置率が100 %となった。

　ところが2009年12月,草津市では事業仕分けにおいて「民間委託拡充または市民との協働」との観点から判定が下され,指定管理者制度の導入が検討されることになる。これに対し市民の有志が翌2010年1月に会を組織,3月には「〈わたしたちの図書館〉を考える会」を結成する。勉強会,要望書などの提出,フォーラムの開催などを経て,この年の暮れには事実上制度導入の撤回にこぎ着ける。年明け早々1月に市長は,「直営維持」と「図書館協議会設置」を明言したという（早田リツ子「『ダメもと』からはじまる：指定管理者制度導入撤回までの1年」『図書館雑誌』105巻7号, 2011.7）。2012年,会は「くさつ図書館友の会」と名称を変え運動をつづけている。

　図書館振興策は施策である以上,これに対する市民の支持がなければ存続させることはできない。

## 2.6 「図書館の自由に関する宣言」と「図書館員の倫理綱領」

| | |
|---|---|
| 1952.8.- | 『図書館雑誌』誌上で「図書館の中立性」論争 |
| 1954.5.26 | 第40回全国図書館大会で「図書館の自由に関する宣言」採択 |
| 1973.8.28 | 山口県立山口図書館で，図書抜き取り事件が発覚 |
| 1973.10.- | (東京)『目黒区史』回収問題発覚 |
| 1974.4.1 | (東京)「東村山市立図書館設置条例」(利用者の個人情報の保護など) 施行 |
| 1976.-.- | 「ピノキオ」問題発生 |
| 1979.5.30 | 「図書館の自由に関する宣言1979年改訂」決議 |
| 1980.6.4 | 「図書館員の倫理綱領」制定が決議 |
| 2002.1.29 | 東大和市立図書館事件，東京高裁，控訴棄却 |
| 2005.7.14 | (千葉) 船橋市西図書館蔵書廃棄事件，最高裁判決 |

　『中小都市における公共図書館の運営』(「中小レポート」, 1963年) が「序論」(1章) で，国民の「知的自由」を保障する機関として図書館を位置づけていることにどれほどの図書館員が気づいていたのだろうか。それから10年後の1973 (昭和48) 年8月，山口県立山口図書館において開架書架から反戦，平和などに関する約50冊の図書が抜き取られ，書庫に放置される事件が起こる。これらの事件を受けて1979年に「図書館の自由に関する宣言」(以下「宣言」) が改訂された。これによって「宣言」は社会的にも周知されるようになった。では「図書館員の倫理綱領」はどうか。両者は表裏一体の関係にあると言われながら，後者は忘れ去られた感さえあるのではないだろうか。

## (1) 「図書館の自由に関する宣言」の成立と 1979 年改訂

　1954 年 5 月，第 40 回全国図書館大会において「図書館の自由に関する宣言」が採択された。宣言が採択される経緯については，2.4 の (3) でふれたのでここでは繰り返さない。

　再び「図書館の自由」に関する論議が起こったのは，公共図書館が市民生活のなかに定着しつつあった 1970 年代に入ってからである。1973 年 8 月，山口県立山口図書館の図書抜き取り事件が新聞報道などによって広く報じられた。これらが契機となり，1979 年 5 月の日本図書館協会（JLA）定期総会で「図書館の自由に関する宣言 1979 年改訂」が決議された。

　憲法第 21 条が保障する表現の自由には，受け手の側の知る自由を含むとの解釈が一般的になっていることから，1979 年改訂において，図書館は，国民の知る自由を保障することに責任を負う機関として位置づけられた。これによって図書館は，国民に対して，自らの社会的な責任を明確にした。

　1946 年から 1991 年までのおもな事例は『図書館の自由に関する事例 33 選』（図書館と自由　第 14 集，日本図書館協会，1997）にまとめられている。ここには図書館職員をめぐる状況が複雑化するなか，「宣言」の原則の普及とこれまでの経験をふまえ問題を解決することの大切さが指摘されている。

## (2) 「図書館の自由に関する宣言」の課題

　近年の事例は『図書館の自由に関する事例集』（日本図書館協会，2008）に収録されている。同書は，この間の変化を「宣言」の第 2（同書では第 3 と記載されている）の資料提供の自由に関する事例が増えていること，その内容も出版禁止事件

や報道にかかわる事例が多くなり，資料提供の自由の問題が多様化してきていること，図書館の対応のしかたがマスコミや世間の注目を集めるようになり，一層の取り組みが必要になってきている，と分析する。また，「歴史的概観」では，図書館の社会に対する責任の重さについては，図書館員自身による不断の努力が欠かせないことを訴えている。

これらのことを実感させられた事件のひとつに，少年法第61条に違反するおそれがあるとして『新潮45』の利用を制限した東京・東大和市立図書館事件がある。この事件は和解による決着がついたようだが，2001年の一審，2002年の控訴審判決ともに図書館の利用制限措置等が支持された。ところが，事件の解決直後から，利用者には図書館を利用する権利があり，その権利を否定し，利用を制限する措置等を図書館の裁量に委ねた点で重大な疑問を禁じ得ないとする見解が示されるようになった。後述する2005年の船橋市西図書館事件をめぐる最高裁判決では，そのことが端的に示されたと言えよう。

これらのことを機に，「宣言」は，国民の知的自由を保障するとともに，表現の自由を保障する，との視点を図書館が明確にもつ必要があること，また，図書館においては選書のみならず，資料廃棄などの諸規程の整備，組織的な運用がなされているか，そのあり方を再点検することが求められている。

### (3) 「図書館員の倫理綱領」の成立

1980年6月，JLA定期総会において「図書館員の倫理綱領」（以下「倫理綱領」）の制定が決議された。「宣言」が機関としての図書館の社会的な責任を明らかにしたのに対して，

「倫理綱領」は図書館員が日常の業務のなかで責任を果たす役割を担う「個々の図書館員の職務遂行上守るべき事項をまとめ，自律的規範として社会に発表し，誓約したもの」と位置づけられた（第66回全国図書館大会における「図書館員の倫理綱領」を支持する決議　1980年11月）。両者は表裏一体の関係にあるとされる。図書館員の倫理についても，上に述べた山口県立山口図書館での図書抜き取り事件を契機とし，倫理綱領の作成と図書館の自由の問題は切り離せない問題として論議されてきた経緯がある。

「倫理綱領」の成立について最後まで問題になったのは，専門職としての図書館員なのか，あるいは文庫に携わる人びとやボランティア，図書館同種施設に働く人びとをも含めるかにあった。JLA図書館員の問題調査研究委員会では，最終的には図書館員をめぐる情勢を判断して，専門職員とその他の職員との区別を避けるような表現をとった。図書館専門職の制度化の遅れや正規職員に占める司書有資格者の割合が低下していることもあり，現状に見合った自律的規範が定着することを当面の目標に置いたことがその理由だとされている。

### (4) 「図書館員の倫理綱領」の意義

2000年7月，『図書館雑誌』（94巻7号）で「倫理綱領」の制定20年の特集が組まれた。制定当時，図書館員の問題調査研究委員会の委員長だった久保輝巳は，その後さらに正規職員の比率が低下，職員構成が複雑化し「倫理綱領への関心が高まることはなくなり，図書館員の社会的な責任そのものが大きく揺らいできている」状況を危惧した。また，当時の委員，後藤 暢 も，司書の専門職制度化が見込めない現状に

照らし,図書館に働く「さまざまな立場の人が図書館に関心をもち協同することの意味」を喚起した。

この特集の翌2001年8月,千葉・船橋市西図書館において,「新しい歴史教科書をつくる会」の会員らの著書が集中的に除籍・廃棄されていたことが発覚した。著者らはこれに携わった司書と船橋市に損害賠償を求める訴えを起こした。2005年7月,最高裁第一小法廷は東京高裁判決を破棄,差し戻す判決を下した。ここであらためて,公立図書館の役割と司書の「基本的な職務上の義務」についての判断が下された。判決文には「倫理綱領」は引用されていないが,「図書館の自由」と「倫理綱領」とが密接な関係にあるとの指摘が読みとれる。

同年8月,JLAは最高裁判決にあたり「声明」を発表,「倫理綱領」を引用して「図書館員は図書館の自由を守り,資料の収集,保存および提供につとめる」責任があり,そのために「いかなる圧力・検閲をも受け入れてはならない」こと,恣意的な資料の取り扱いをしないことを確認,図書館員に対し自律的な実践を促した。

「宣言」や「倫理綱領」が現実の社会の上で実効性を発揮できないのであれば,画餅に等しい。図書館員が考えなければならないのは,図書館が誰のものであるかであり,そこで図書館としてのあるべき姿を示せるかであろう。市民の信頼に対する職務上の責務を明記したのが「倫理綱領」だとするなら,図書館界の関心の低さは危機的と言わざるを得ない。図書館法や「宣言」と同様,「倫理綱領」についても,図書館などで働くすべての職員に周知,理解を深めるよう運動を展開することが図書館界には求められている。

## 参考文献

### 2.1
- 日本図書館協会編『近代日本図書館の歩み　本篇』日本図書館協会　1993
- 『東壁』（複製版）学術文献普及会　1974
- 京都大学附属図書館編『京都大学附属図書館六十年史』京都大学附属図書館　1961
- 石山洋「『図書館雑誌』創刊の頃：日本文庫協会から日本図書館協会へ」『図書館雑誌』101 巻 3 号　2007.3

### 2.2
- 坪谷善四郎『大橋図書館四十年史』博文館　1942
- 吉田昭子「伊東平蔵とその実践的図書館思想」『Library and information science』67 号　2012.6
- 石井敦編，佐野友三郎［著］『佐野友三郎』日本図書館協会　1981（個人別図書館論選集）
- 山田正佐「図書館員養成機関の発展」(1)『図書館研究』（芸艸会）5 巻 2・3・4 号　1927.11

### 2.3
- 間宮不二雄『圕とわが生涯』前期・後期　不二会　1969・1971
- 間宮不二雄『図書館と人生：間宮不二雄古稀記念』間宮不二雄氏古稀記念会　1960
- 志保田務「間宮不二雄と『図書館雑誌』，『圕研究』」『桃山学院大学経済経営論集』46 巻 4 号　2005.3
- もり・きよし『司書 55 年の思い出』もり・きよし氏を偲ぶ会　1991
- 加藤宗厚『図書館関係論文集：喜寿記念』加藤宗厚先生喜寿記念

会　1971

2.4

・是枝英子［ほか］編著『現代の公共図書館・半世紀の歩み』日本図書館協会　1995
・前川恒雄編，有山崧［著］『有山崧』日本図書館協会　1990（個人別図書館論選集）
・「東京都公立図書館長協議会の歩み」編集委員会編・刊『東京都公立図書館長協議会の歩み』2006

2.5

・佐藤政孝『東京の近代図書館史』新風舎　1998
・松尾昇治「東京の公共図書館政策の一考察：1970 年代における美濃部都政の図書館政策」(1)(2)『図書館界』57 巻 6 号 -58 巻 1 号　2006.3-5
・『滋賀の図書館　2008』滋賀県公共図書館協議会　2009
・『滋賀県立図書館事業概要　平成 24 年度』滋賀県立図書館　1990

2.6

・薬袋秀樹「日本図書館協会『図書館員の倫理綱領』(1980) の考察」『図書館学会年報』42 巻 1 号　1996.3
・山家篤夫「船橋市西図書館蔵書廃棄事件の最高裁判決：知る自由を保障する『公的な場』逸脱への批判と期待」『図書館雑誌』99 巻 12 号　2005.12
・山本順一「最近の訴訟に見る公共図書館とそのサービスについての法的考察」日本図書館情報学会研究委員会編『変革の時代の公共図書館：そのあり方と展望』勉誠出版　2008
・松井茂記『図書館と表現の自由』岩波書店　2013

# 3章 図書館運動の展開

**【現代からの視点】**

　近年，県立図書館の廃止，市立図書館との合築，閲覧・貸出業務を廃止するとの案が出されるなど，あちこちで県立図書館不要論が浮上しているようだ。これは県立図書館と市立図書館の役割・機能などを同一とみなし，「二重行政」の名の下に経済優先の政策の一環として検討されている，ということなのであろう。

　東京都が図書館振興策を実施したのは，それほど昔のことではないし，東京の多摩地域では，むしろ都が財政難を理由に手を引いてから，図書館の設置も職員数も増加した。滋賀県の成果は記憶に新しい。都や県がすぐれた図書館政策を実施したことはもう忘れ去られたのであろうか。

　現在も町村の半数近くにはまだ公立図書館がない。「平成の大合併」で設置率は上がっても，である。県が支援すべきことではないのか。図書館があってもサービスを受けられないところにBMを走らせるとか，協力貸出を盛んにして地域の図書館をバックアップしたり，レファレンスサービスの受け皿になるとか。さらに言えばデポジットライブラリーを整備することだって県の仕事ではないのか。

　もちろん県立だけのことを言っているのではない。図書館がないとか，図書館があっても利用の対象に含まれない人に手をさしのべたり，利用を促したりと，社会が変化するなかでさまざまな運動が繰り広げられてきた。図書館政策は，図書館員の実践の積み重ねから生まれたものであることも確かめておきたい。

## 3.1 初期の図書館運動

| | |
|---|---|
| 1874.4.10 | 板垣退助，高知に立志社を創立 |
| 1874.8.- | （徳島）自助社設立，新聞縦覧所を置く |
| 1875.7.1 | （京都）宮津に天橋義塾開業，1881年書籍閲覧開始 |
| 1875.8.- | （福島）河野広中，石陽社結成，1880年頃石陽館設立 |
| 1880.6.- | （高知）立志社，書籍館設立 |
| 1881.-.- | （神奈川）西多摩郡五日市町の深沢家，書籍を公開 |
| 1882.4.- | （岩手）盛岡に玉東舎設立 |
| 1883.4.16 | 新聞紙条例改正，言論に対する取り締まりが強化 |
| 1885.4.26 | （山形）谷地読書協会設立 |
| 1915.11.24 | （山形）大礼記念谷地図書館（現・河北町立中央図書館）開館 |

「図書館づくり運動」が定着したのは，1960年代以降である。戦前までのことを一律には論じられないにせよ，民衆と図書館との関係をあらためて課題に設定して，明治期以降の図書館運動をとらえ直せば，新たな視野が開けてくるのではないか。まずは石井敦の図書館運動論について，その枠組みに沿って見ておきたい。そこから教員や青年などのキーワードが浮かび上がってくるだろう。運動にはその担い手がいるということ，また明確な目的があることもわかるはずである。

### (1) 民衆運動と図書館

石井敦は，図書館運動に相当する活動を歴史研究のテーマにとりあげた。これを「民衆運動と図書館」という標題によって表現している（『日本近代公共図書館史の研究』日本図書館

協会,1972)。内容を整理すると以下のようになる。

　自由民権運動と図書館　1870年代後半〜80年代前半
　国立教育運動と図書館　1880年代後半〜90年代前半
　初期社会主義運動と図書館　1890年代後半〜1900年代中頃
　農民運動と図書館　1920年代後半〜30年代前半
　労働運動と図書館　1920年代中頃

　石井の言う「民衆」が主体となった運動について,年代を厳密に特定することはむずかしいし,これらは必ずしも現在の図書館運動の概念と一致するものではない。民衆運動は,職業であるとか,団体であるとか,運動の主体となる特定の階層により構成されていた。そのため社会の動向などにより大きな影響を受けることが多く,運動の主体に何らかの変化が生じると,図書館運動へも直接的な影響が及ぶ。

　たとえば自由民権運動がそうで,運動自体が短期間だったこともあり,図書館としては継承されなかった。他方,運動の性格にもよるが,経営主体を変えながら図書館が引き継がれることもある。教育会図書館という名称は消えたが,多くの府県立図書館の設立者に名をとどめている。

　もうひとつ注意したいのは,図書館史研究は,当事者である研究者の図書館観,さらにはそのときの研究動向,環境などの影響を受けることが少なくないということである。石井についてみれば,ここには青年団の図書館運動が入っていないが,同書刊行後の1970年代中頃に研究成果を発表している。石井は,まだ基本的人権などが保障されていない時代においても「民衆の社会運動が展開されたところには,必ずといってよいほど,図書館＝学習のための読書施設の要求は存

在していた」と考察し，市民の社会活動にとって図書館が本質的に不可欠な施設であることを解き明かした。

## (2) 自由民権運動と図書館

これらのなかから自由民権運動によってつくられた読書施設を見ておこう。1874（明治7）年，板垣退助が高知に立志社を設立，国会開設の要求を機に民権運動が盛んになった。新聞は，政治の動向を伝える役割が増え，次第に政党機関紙化した。民権派の有志は，新聞などを集め縦覧所を設け，競って民衆を啓蒙した。全国的に結社がつくられると，そこでは新聞のみならず西欧の政治・哲学・思想などの翻訳書を備え，社員のための学習施設を設けた。なかには社員外にも公開するところもあった。

そのひとつに京都，丹後宮津の天橋義塾がある。ここは1875年7月に設立された士族系の民権結社で，社内に書籍新聞縦覧所を置き，約4,000冊の蔵書をもっていた。1881年2月に「社則」を改正，その「第七章　書籍出納規則」に，社員以外にも公開，貸出をするとの定めがある。

神奈川県西多摩郡五日市（現・東京都あきる野市）の民権結社，学芸講談会では，1880年に会員が書籍を閲覧できるとの「盟約」を定めている。同会の構成員である豪農深沢家では「凡ソ東京ニテ出版スル新刊ノ書籍ハ悉ク之ヲ購

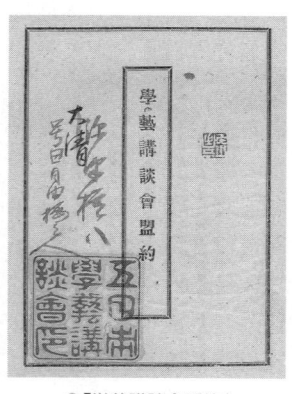

●「学芸講談会盟約」

求シテ書庫ニ蔵シ居タリ」というほど,蔵書をもっていた。教員などをしながら勉学に励む青年たちはこれらの蔵書を,自由に閲覧したり,借りることができた。結社の多くは,規模の大小は別にしても会員制図書館としての側面をもっていたことがわかる。五日市の地で学んだ青年たちによって,自主憲法「五日市憲法草案」がつくられた。

## (3) 図書館運動への道

永末十四雄も近代公共図書館が形成される過程において,とりわけ地方の町村で図書館運動の担い手となる可能性と活力をもっていたのは教職員と青年だったと,戦前の運動の限界を認めながらも,その可能性を示唆している。次に大きな図書館運動に発展した例を見ておこう。

1887年3月,大日本教育会が附属書籍館(しょじゃくかん)を設立した。これを機に,各地で地方教育会が主体となって図書館設立運動を展開した。地方教育会は,小学校教員や地方の教育関係者によって組織される半官半民の団体で,図書館の設置を率先して議会に働きかけた。地域の図書館づくりの担い手の中心になったのは小学校教員などであった。

彼らは,1870年代後半以降(明治10年代),自らの学習・研究のために,共同で教育関係の雑誌・新聞や図書などを持ち寄り,文庫などをつくった。これらのなかには自由民権運動の学習施設としての役割の一端を担ったものも少なくない。1890年代以降(明治20年代)は,教育会のもと,各府県の負担としていた教育費を国庫補助とし,教員の待遇改善の実現をめざすための運動(国立教育運動)とともに図書館運動が活発になっていった。

## (4) 読書のための組織づくり

　近代のはじめに起こった学習運動は，自由民権運動のように，短期間ではあるが，ときに大きな流れとなって歴史の一コマを形成することもあれば，地域の青年運動のなかに脈々と引き継がれているものもある。ここでは青年たちが地域に読書活動のための組織をつくり，図書館へと発展させた東北地方のケースを見ておこう。

　1882 年，盛岡の若い教育家が中心となって玉東舎（ぎょくとうしゃ）を設立した。図書館設立を目的に掲げ，翌年舎員に縦覧を許す規則をつくった。蔵書は後年，市立盛岡図書館に引きつがれた。また，1885 年，山形県の石川賢治（1859-1937）らの進歩的な青年たちが谷地（やち）読書協会を結成する。入会金 1 円，会費は毎月 25 銭，会員 25 名。この頃，当地で化学染料の輸入によって滅亡した紅花に代わる産業振興を目的とする豪農たちの運動が活発化していたことも，青年の読書熱につながった。青年たちは西欧の翻訳書などを読みあった。

　読書協会発会の趣意書には，石川の発案により，将来本会の発展を基礎として谷地図書館を創立する旨が記されている。石川は慶應義塾に学び，卒業後は慶應幼稚舎で教鞭を執るが，さらなる学業修行のため，福沢諭吉の薦めで 1886 年に単身渡米，研鑽を積んだ。その後も故郷へ本を寄贈しつづけ，帰国後は実業家として活躍した。1915 年には計画を実現，大礼記念谷地図書館（現在の河北町立中央図書館）が開館した。

## 3.2 青年たちの図書館づくり

| | |
|---|---|
| 1920.1.10 | 内務,文部両省による青年団に関する第3次訓令(青年団の自主化) |
| 1921.5.- | (長野)下伊那郡青年会,郡立図書館建設計画(実現せず) |
| 1923.10.10 | (長野)上郷青年会は,上郷文庫を開館 |
| 1924.-.- | (長野)下伊那郡・千代青年会が村立化 |
| 1933.11.- | (長野)座光寺青年会が青年会館を建設 |
| 1936.7.21 | 上郷青年会,青年会館図書館を新築,開館式 |
| 1947.4.1 | 都立江戸川図書館開館,7月第1回江戸川読書会 |
| 1947.12.- | (東京)この頃 江戸川読書クラブ発足 |
| 1948.7.- | 上郷青年会,再発足 |
| 1950.5.- | (静岡)気賀町立図書館開館 |

　農村では生産と生活の場は近い。地域ではさまざまな課題を共有するなかで,村の生産の向上,生活の改善のために学習運動が行われた。大正期の青年たちは仲間が集う場所に本を持ち寄り,それを貸し借りした。多くは自主的に運営された。町や村に財政力がなかったこともあるが,それ以上に青年たちは図書館に対して主体的にかかわることに意義を見出していた。それらがやがて町や村の施設として発展する場合も少なくなかった。戦後は,新たな制度のなかで,青年が社会進出するために,若い図書館員が彼らの利用をリードした。

### (1) 下伊那青年の図書館活動

　1920(大正9)年1月,内務,文部両省による青年団に関

する第3次訓令は，団員の年齢を25歳以下に制限するなど自主自治による運営を指示した。これにより青年団の自主化が進んだ。長野県の下伊那郡は養蚕業が盛んなことから，中農層が収入を得るとそれが文化活動に反映された。成人男子の選挙権を求めた普選運動への取り組み，社会主義の影響から民主的な運動が広がったこともあり，1921年，下伊那郡青年会は他の地域よりも早く青年団の自主化を実現した。

同年3月，郡青年会は会則を定め，この年のおもな事業に郡立図書館の設立を掲げた。当時，副業のないなかで青年たちは，冬季には新刊書や雑誌を耽読し，町村の巡回文庫が来ると流行の図書を読んでいた。そこで郡青年会は，各町村に趣意書を配布し，郡立図書館を設立するための寄付金を募った。図書館は飯田に設置し，分館を置き巡回文庫を実施することを構想した。

その年の5月，下伊那郡青年会は郡立図書館建設計画について趣意書を作成した。これによると，この図書館は東京市立日比谷図書館館頭の今沢慈海(いまざわじかい)の設計により，普通閲覧室，婦人閲覧室，新聞雑誌閲覧室，児童閲覧室に合計200名以上の閲覧席を設けることなどを計画していた。書庫は安全開架式で，耐火設備を施すよう設計され，増築予定地も確保されていた。しかし，翌年には計画は立ち消えとなった。理由は明らかでないが，壮大な計画であった。

### (2) 上郷青年会と図書館

青年団自主化以降は，さらに図書館運営に独自性が発揮され，青年会図書館の村全体に果たす役割がより一層重視されるようになった。青年会の文庫は，青年会会員のみならず，

村民も自由に利用できた。そのなかで青年たちは図書館の村立化を展望したり，選書に対する村の介入を問題視するなど，図書館の主体的な運営のあり方について関心を深めることになる。

●上郷青年会図書館の図書部員たち（1938年頃）

1923年，長野県の上郷青年会は，上郷文庫を発足させた（後に上郷青年会図書館，現在の飯田市立上郷図書館）。その5年後の1928年，図書館に村立化計画が持ち上がる。しかし，近隣の千代青年会などが，村立化によって青年会図書館の運営の後退を余儀なくされたことから，本来の図書館のあり方と相容れない，との結論に達し，結果的に上郷の青年たちは村立化を見送ることになる。当時，青年たちは，隣接地域の図書館を頻繁に見学している。ここで情報交換を行っていたのであろう。

戦後，上郷青年会は，それまでの図書館を引き継いで開館していた。しばらくは，戦時中の運営方針を引きずっていたが，1948年7月，図書館も民主的な組織に再編された。

## (3) 東京・江戸川における図書館づくり

戦後については別の地域を検討してみたい。東京都の東部に位置する都立江戸川図書館（1950年10月，江戸川区に移管）の一時期を見ておこう。同館（このときは江戸川区立小岩図書館）は，1953年4月，清水正三（1918-1999）が秋岡梧郎

(1895-1982) に設計を依頼して自由開架式閲覧を導入したことで知られるが，それ以前のことである。

1947年4月に同館が開館。清水が館長となるが，このときは小岩国民学校内の2教室と物置を使用していて，清水はその一隅に住み込みで生活をしていたという。この当時29歳。清水は，戦前は東京市立深川図書館に勤務，1941年10月に応召，1943年3月除隊して深川図書館に復帰していた。

開館から4か月後の7月，清水は，第1回江戸川読書会を開く。11月に移動図書館を実施，年末には「江戸川読書クラブ」を発足させた。これは図書館の後援会のようなものだったようだ。この当時，小岩図書館では1年間に6冊しか本を買えないこともあり，そのようななかで清水は図書館の集会活動を盛んに行った。

何かをやらなければとの思いが強かったのであろう。1948年，清水はレコードコンサート，星座の観測，万葉集の講座，憲法の講義などの活動を実施，利用者との交流をもった。住民との接触をとおして，利用者の組織化をめざすことが目的だった。その理由について，清水は「閲覧者懇談会というような面，利用者と接するということが，図書館員の成長のためにも大事なんじゃないかなと思う」(「公共図書館の誕生を支える 3」『みんなの図書館』182号，1992.6) と語っている。1940年代後半から1950年代の中小図書館の運営が厳しい状況のなかで，住民との関係づくりに図書館員の使命を見出していったことがわかる。

1951年の夏，清水は，慶應義塾大学で第2回図書館専門職員指導者講習を受講する。そこで静岡県気賀町から参加していた森博と出会う。

## (4) 静岡県気賀町立図書館における青年の利用

　森博はそれまで高校教師だったが，1949 年に静岡県気賀町立図書館館長となる。気賀町は，浜名湖の北東に位置し人口 1 万 1,500 人。この町に 1950 年に同館が開館する。ところが利用者の大半は学生・生徒で，成人の利用は驚くほど少なかった。森は，これに対して図書館経営が「非常に大きな問題」に直面していると考え，解決の糸口をさぐるためのさまざまな試みを行う。

　たとえば，各青年団の文庫を活性化させる方法である。この頃，気賀町は十数か所の地区からなり，地区ごとに青年団が結成され，それぞれが文庫をもっていた（多くは数十冊程度）。そこに図書館から期間を定めて，本を貸し出し，青年団活動を援助する。本の運搬，図書館との連絡を図書館員がするのではなく，青年たちが行うことで，図書館に対する意識を変えていく。これによって図書館が青年たちのたまり場となったという。

　各地区の青年団には，図書館員が団報に寄稿したり，新着図書を紹介，文化講座の講師を担当した。森は，地域の図書館というのは，大衆のなかへ足を踏み込んでいく，そういう図書館でなければ成立しないと考え，青年たちの集まるところへ出向いては夜ごと地域の図書館の必要性を説得して回った。戦後の混乱期の図書館に満足に本がない状況下で，森は，地域の住民に図書館の役割を伝えるためには，図書館員自らの知識と素養で補うしか方法がないとも考えていたようだ。

## 3.3 子どもへのサービス

| | |
|---|---|
| 1887.10.- | 大日本教育会附属書籍館「小学生生徒図書閲覧規則」 |
| 1903.7.6 | 山口県立山口図書館開館，児童閲覧席を設置 |
| 1906.10.7 | 竹貫直人，東京千駄ヶ谷の自宅に少年図書館を開設 |
| 1908.11.16 | 東京市立日比谷図書館開館，児童室を置く |
| 1913.8.- | 日比谷図書館，児童への館外貸出を開始，1915.4 児童閲覧室無料 |
| 1918.7.- | 鈴木三重吉ら『赤い鳥』創刊 |
| 1918.12.18 | 今沢慈海・竹貫直人『児童図書館の研究』刊 |
| 1928.9.6 | 東京市立深川図書館復興開館，児童室を置く |
| 1947.8.11 | （東京）再生児童図書館設立（1962.11 閉館） |
| 1953.10.22 | 児童図書館研究会発足 |

　児童サービスのはじまりは，1887（明治20）年10月，大日本教育会附属書籍館が「小学生生徒図書閲覧規則」を設けたときだとされている。図書館が十分に普及していない当時にあって，早くに児童に対するサービスをとり入れたのは，先進的な府県立図書館であった。なかでも東京市立図書館では児童に対して積極的なサービスを展開，これが館界における世論形成に与し，その意義を決定づけたと言えよう。

### (1) 児童サービスの導入

　1903年7月，山口県立山口図書館が開館，同時に児童閲覧席を置き，12歳以上の児童に対するサービスをはじめた。ここには小規模ながら自由開架式閲覧が準備されていた。同館の館長は佐野友三郎である。佐野の前任地，秋田県立秋田

図書館では当時の利用者の85％以上が学生であったため，一般利用者の利用を優先せざるを得ず，12歳未満の児童の利用が制限されていたが，佐野は，県の経済が許すなら施設を改善すべきだと考えていた。

　これは義務教育後の子どもたちが自ら知識，教育を求めるには，小学校時代の図書館教育が重要だとの認識による。ところが，1900年代から1910年代の頃，小学生の図書館利用については賛否両論があった。むしろ「有害無実」であるとか「負担過重」とする考えのほうが多く，佐野の児童閲覧室の開室に対しても時期尚早であり，旬日を待たず閉館するだろうとの声は少なくなかったという。

　こうした考えに対して，佐野は，児童の図書館利用について次のように主張していた。教室内において読み方を授けるだけで，最良の読みものを供給しない教育法は間違っている。読み方の練習に加え，教科書以外の本によって，知識と趣味を与え，自学自習できるように自助心や向上心を植えつけることこそが重要で，図書館にはそうした役割がある。そして，佐野は，県立山口図書館に小学校の児童を招き，図書館の利用指導などを実施したいと述べていた（「学校と図書館と」『山口県立山口図書館報告』第4，1906.1）。

## (2) 東京市立図書館における児童サービス

　1906年10月，竹貫直人（たかぬきなおんど）(1875-1922)は東京・千駄ヶ谷の自宅を開放して私立少年図書館を開設した。竹貫は，攻玉社で土木学を専攻した技術者で，新聞記者を経て博文館に入社する。子どもには本の入手が困難であること，これまでの図書館では出納式のため手間がかかる上，自由に本が読めない

●竹貫少年図書館

ことなどから図書館づくりを思い立ったという。子どもたちが楽しんで本を読んでいる様子が『少年世界』から伝わってくる。1908年，東京市立日比谷図書館児童室が開室するとき，竹貫は同館に勤務，少年図書館の蔵書もすべて同館に寄贈した。

　日比谷図書館は，開館と同時に児童室を置いた。そして，1913年8月には児童への館外貸出を開始，1915年4月には閲覧料の無料化を実施した。

　1918年に，鈴木三重吉による『赤い鳥』，1922年には『コドモノクニ』，『金の鳥』，『金の星』（『金の船』を改称）などの童話雑誌が創刊された。子どもに対するサービスが広がる背景には，児童の読書環境が整ったことも関係しているであろう。新中間層の家庭には，専業主婦となり子どもに高い教育を与え，教育家族的な子育てを行う女性が出現した。日比谷図書館の児童室には，このような家庭の子どもたちが訪れた。1921年には市内20館に児童室あるいは児童コーナーが設けられた。

　地域の子どもたちの様子はどうだったのか。たとえば浅草図書館の児童室は，5坪（約17㎡）ほどのスペースがあるだけであった。そこに1,100余冊の児童書が置かれ（1927年11月現在），館内閲覧と貸出をあわせると年間に3万1千人

の児童が押し寄せた。

### (3) 児童図書館研究会の発足

　児童に対するサービスが本格化したのは，戦後になってからであった。1947 年 8 月，水野成夫(みずのしげお)（1951 年国策パルプ社長，1957 年フジテレビ初代社長）らによって，鎌倉河岸（現在の千代田区）の再生ビル内に再生児童図書館がつくられた。同館は，都内の公立図書館が有料だった時期に民間人によってつくられた子どものための図書館で，無料公開した。千代田区の小学校児童の利用が多かったが，同館のサービスが新聞に報道されると遠方からも小・中学生が訪れた。1962 年経営難により閉館した。

　1953 年 10 月，児童図書館研究会（児図研）が発足した。図書館資料社を主宰し『図書館年鑑』を刊行していた大山利(おおやまさとし)は，日本の児童図書館活動の遅れを嘆き，活性化をはかるため，同志に呼びかけた。大山の呼びかけに小河内芳子(こごうちよしこ)，長谷川雪江，大門潔(だいもんきよし)，森崎震二(もりさきしんじ)，山口（友野(ともの)）玲子，渡辺茂男が応え，7 名が再生児童図書館の一室に集まり，最初の会合が開かれた。

　同会は，発足直後に都内の公立図書館の児童室の設置状況の調査を開始，児童サービスがほとんど実施されていない現状を明らかにした。1954 年 1 月，機関誌『こどもの図書館』を創刊。1955 年 5 月，日本図書館協会（JLA）主催の全国図書館大会では，公共図書館部会に児童図書館分科会を設ける件を提案している（1956 年に実現）。また，私設文庫と公共図書館との連携・協力を進めることなどにも取り組んだ。

## (4) 児童サービスの向上をめざして

児図研設立から同会の運営に携わった小河内芳子（1908-2010）は，1930年に文部省図書館講習所を修了後，東京市立図書館に職を得，戦後の1948年に品川区立図書館に勤務した。1967年にはJLAの『児童図書館』（シリーズ図書館の仕事）を編集，1968年に退職後も，地域の図書館活動などを通じて児童サービスの発展に尽力した。

児童サービスの普及とともに児童図書館員の専門性が課題となった1970年代のはじめに，児図研の会長だった小河内は次のように述べている。子どもの読書要求に応え，適切な資料を選択，組織，提供して，子どもの興味に応じて，適切な本にめぐりあえるよう援助する。それによって子どもの学習権を保障することが児童図書館の機能であり，児童図書館員の専門性はそこに拠って立つ，と。

文庫活動については，第6章で述べるが，そうした活動のなかから，1974年に財団法人東京子ども図書館が設立された（代表：松岡享子）。同館は四つの文庫を母体として生まれた。土屋文庫，入舟町土屋文庫（いずれも土屋滋子）からは，子どもと一緒に本を楽しみ分かちあうという基本を，かつら文庫（石井桃子）からは子どもに学ぶという姿勢を，松の実文庫（松岡享子）からは図書館での児童奉仕を工夫しつつ丁寧に行うという実践態度を受け継いでいるという。

1997年，同館は中野区に新館を建設，公立図書館の児童サービスの向上，児童図書館員の養成を通して人材の育成に寄与している。

## 3.4 図書館のなかの女性

| | |
|---|---|
| 1890.-.- | この年には、東京図書館に「婦人席」あり |
| 1899.11.1 | 秋田県立秋田図書館開館、女子閲覧室あり |
| 1903.12.- | 宮城書籍館、婦人閲覧室を設置 |
| 1917.2.- | 『主婦之友』創刊 |
| 1918.12.8 | 岡山市立岡山図書館開館 |
| 1919.10.1 | 市立岡山図書館、館外貸出実施 |
| 1922.1.10 | 市立岡山図書館、岡山婦人読書会設立 |
| 1922.4.19 | 市立岡山図書館、持廻り文庫実施 |
| 1950.9.20 | 県立長野図書館、PTA母親文庫を開始 |

前節で、子どもへのサービスについて述べたが、女性についてはどうであったのか。戦前の図書館には、児童室とともに婦人室（婦人閲覧室）があった。児童室（児童図書館）は現在もあるが婦人室はいまはない。戦前は男女平等ではなかったし、女性には参政権もなかった。図書館における女性の利用を保障するため、とくに戦前にはさまざまな努力がなされている。敗戦を機に新たな憲法が制定され、女性の権利も保障されることになった。

### (1) 女性の図書館利用

1890（明治23）年には東京図書館に婦人席が置かれていた。樋口一葉は、翌1891年その東京図書館に通いはじめた。

山口県立山口図書館や東京市立日比谷図書館など大規模館の多くは、女性のための閲覧室を設置した。女性の図書館利用を奨励するための手段でもあった。

実際の全国の利用状況はどうだったのか。文部省が1921年に実施した図書館調査には男女別の利用統計がなく，1936年の調査には載っている（『全国図書館に関する調査』文部省，1921，1936）。この間に女性の利用調査の必要性が検討されたということになるのであろう。

　1935年頃の閲覧者数の男女比を見ると，女性は男性の約5～10％程度であった。館外貸出を実施している図書館では，貸出の利用が閲覧よりはやや多いが，比率に大差はない。このことからも婦人室の閲覧席数が男性（一般）に比して極端に少ない理由も理解できる。

　図書館によっては，開館時に婦人閲覧室を置かず，後になって方針を変更するところもあった。東京市立深川図書館が開館したのは1909年だが，このとき婦人閲覧室を置いていない。ところが数年後に増築をする際，休憩室を婦人室に変更している。私立大橋図書館は，開館時から婦人室を置いていた。関東大震災で被災，復興開館時に婦人室を3階に設けたが，その後，閲覧室の拡張に伴い1階に移動している。婦人閲覧室の規模・席数をたびたび変更しているが，図書館全体のサービスのあり方を再考するなかで，利用の便をはかってのことだと思われる。

## (2) 東京市立図書館における利用状況

　東京市立深川，京橋，一橋の各館では，当初から婦人閲覧室を置いていたが，関東大震災復興後の新館建設に際しては，図書館員が当局に対して施設を改善するよう提案をしている。深川図書館では，新館建設の際に婦人室は2階でもよいが，約15坪（約49.5㎡）以上必要で，他の部屋を通らずに図書

出納場へ出入りができることを設計者へ要望している。その結果、新聞雑誌室（要望の37.9％）に比べるとより多くのスペースが婦人室には確保（55.7％）されたようだ。女性の利用に対する配慮がうかがえる。

●東京市立深川図書館婦人室

　深川図書館の婦人室の写真は興味深い。昭和初期のようだが、満席の模様。母親が多いように見受けられ、乳飲み子らしき姿が少なくとも3人見える。子どもをあやしながら、あるいは授乳をしながら閲覧したのかもしれない。また、女性専用の椅子なのであろう、腰掛ける部分が広く感じられる。その側には男性が監視しているように見える。

　東京市立図書館の竹内善作が、雑誌について利用統計の分析を行っている。1926年6月の浅草図書館における婦人雑誌を、閲覧回数の多い順に見ていくと、『主婦之友』（14位）、『婦人公論』（16位）、『婦人倶楽部』（21位）、『女性』（23位）となっている（『市立図書館と其事業』39号、1926.12）。

　竹内は前任地の一橋図書館のことにもふれている。1916年当時、同館では婦人雑誌の全部を婦人閲覧室の公開開架に備え付けていたので、利用統計に反映されないと断っているが、1916年に『婦人公論』、1917年に『主婦之友』と婦人雑誌が創刊された時期にあたる。これらは対象や性格に違いはあるものの、一般の主婦を読者とする婦人雑誌として知られ

ているものである。婦人雑誌という新たなメディアの登場が女性の利用を促したことがうかがえる。

### (3) 岡山市立図書館の場合

　前掲の1936年の文部省の調査で唯一，女性の利用が男性に比べて多いのが岡山市立図書館である。館内利用では男性が57,550冊，女性が18,443冊に対し，館外利用では男性が61,913冊，女性は289,443冊で，女性が男性の約5倍にのぼる。女性の利用が急増したのは1922年度からである。

　1922年1月，同館は岡山婦人読書会を創設している。女性が家庭以外で読書をすることが困難な状況を配慮して「婦人の読書趣味を養成し，思想の向上」をはかるのが目的であった。15歳以上の女性が対象で，入会金と毎月の会費が要るが，市内を6区に分け，1週1回1冊，各種の図書を会員の自宅または指定した場所に配送する。個人貸出を実施し，「本館全力の一半を傾注し……全市をして図書館化せんことを期する」（『市立岡山図書館要覧』市立岡山図書館，1931）との方針による。

　同館の関連する動きを遡って見ておこう。1918年12月の開館時に，新着図書の展示，金網式書架による参考図書の閲覧，児童閲覧室の自由閲覧などのサービスを導入している。また，購読誌24種のうち婦人雑誌を8種揃えている。そして，婦人室の席数はほかの図書館並みだが，おそらく開館時から部屋を1階入口付近に配置している。これは2階のほとんどのスペースを普通閲覧室に充てたためかもしれない。

## (4) 本を届ける工夫

　本の配送は，3人の配本人と3台の三輪車で「雨の日も風の日も全市を隈なく活動」したとされる。ポスター，ビラ，立て看板に家庭（戸別）訪問，そして会誌を発行するほか休退会の会員とも連絡をとっている。岡山市立図書館の活動がこのように精力的であったのは，女性の文化的環境の貧困さを改善する，との一種の女性解放というべき使命感があったのであろう。こうした活動に対して「岡山市立図書館は貸本屋」である，との反応があったという。昔も今も変わらない。女性の利用を促した要因は，手許に本を届けることであった。同館は，ここに群小図書館がとるべき経営方法の活路を見出していった（楠田五郎太『動く図書館の研究：附・図書館に於ける外交戦』研文館，1935）。

　方法は異なるが，女性に対する読書支援という意味では，戦後のPTA母親文庫にも同様のことが言える。叶沢清介(かのうざわせいすけ)(1906-2000)は，戦後すぐ文部省在籍中に迷信調査を担当する。この調査は，迷信の誤りを正し，科学的にものごとを考えることを目的としていた。叶沢は，PTAという新しい集団によって農村女性をとりまく封建的な慣習を克服し，家庭や地域における読書環境を整備していった。

　1950年代後半といえども農村部の女性にとっては，本を購入することはぜいたくな娯楽と見なされ，読書や図書館を利用することについて「生意気」だと思われる風習がなお強く残っていた。農村部において読書会という集団的な読書形態をとることによって，まずは読書を成立させ，地域の読書環境を整えていったことも理解しておきたい。

## 3.5 母と子への読書支援

| | |
|---|---|
| 1950.9.20 | 県立長野図書館，PTA 母親文庫を開始 |
| 1954.4.- | 埼玉県立図書館，PTA 母親文庫設置 |
| 1954.12.4 | 第 1 回長野県読書会大会（松本市・〜12.5） |
| 1956.11.20 | 日本図書館協会（JLA）公共図書館部会全国研究集会，協議題「読書普及並びに指導について」（〜11.22） |
| 1959.6.16 | 石川県立中央図書館，PTA 母親文庫を 5 文庫指定 |
| 1960.5.1 | 鹿児島県立図書館，「親子 20 分間読書運動」（母と子の 20 分間読書運動） |
| 1960.10.14 | JLA，中小公共図書館運営基準委員会設置 |
| 1963.3.31 | JLA『中小都市における公共図書館の運営』刊 |
| 1965.9.21 | 東京・日野市立図書館，BM による貸出を開始 |
| 1970.5.30 | JLA『市民の図書館』刊 |

1950（昭和 25）年に県立長野図書館が PTA 母親文庫を，1960 年に鹿児島県立図書館が親子 20 分間読書運動（母と子の 20 分間読書運動）を開始する。いずれも読書運動を全国展開したことで知られるが，ここにはいくつかの共通点がある。県立図書館の方針として県下に広く運動を呼びかけたこと，対象が母親や子どもに特定されていたこと，県外へも大きな影響を及ぼしたことなどである。

一方，図書館の振興には効果があったとはいえず，図書館運動としての限界もあった。その半面，親子読書という点では，子どもの読書の大切さを実感する母親たちからは支持された。その意味で，読書運動は，図書館がどのようにかかわるのかを含め，現在も検討されるべき課題のひとつと言える。

## (1) PTA母親文庫

　1950年9月，県立長野図書館は，長野市にある信州大学教育学部附属長野小学校PTAの母親たちへ貸出を開始した。1学級の児童の母親を4人ずつのグループに分け，そのグループごとに1冊，1か月間貸し出した。1人につき1週間回覧する方法で，学級ごとの代表者が県立図書館または配本所に出向いて本を選んだ。その本を家庭に運ぶのは児童だった。

●PTA母親文庫

　この方法を編み出したのは県立長野図書館長の叶沢清介であった。叶沢は，農村女性の読書に対する強い抵抗感があることから，母親の教養の向上なくして児童生徒の教育・文化の環境が整備されないと考え，これを運動化した。戦後における女性利用を対象とするサービスの代表的なものである。

　1950年に開始したときの会員数は800人で，延べ利用冊数9,600冊。10年後の1961年には，会員数が9万人，利用は100万冊となり，このときがピークだった。性差による図書館利用の障害を取り除くため，人びとのより身近なところに図書を送り込み，地域の読書環境を整備する活動は，全国に受け入れられた。だが，テレビの普及，都市化に伴う農村社会の変化などによって母親文庫の組織率は低下し，運動は下降線をたどった。

## (2) 親子20分間読書運動

　1960年5月，鹿児島県立図書館が子どもの読書週間にあわせ，県下に10地区をモデルに指定して，市町村立図書館，公民館図書室，学校図書館と協力して親子20分間読書運動を推進した。この運動を提唱したのは，鹿児島県立図書館長の久保田彦穂（椋鳩十，1905-1987）であった。この読書方法は，久保田によれば「教科書以外の本を　子どもが二十分間くらい読むのを　母が，かたわらにすわって，静かに聞く」ことと説明される。

　この運動には前史がある。1957年以降，鹿児島県は，産業振興のため「農業文庫」を進めてきたが，読書に対する抵抗の大きさのゆえに効果をあげることができなかった。また，1958年以降もグループによる読書網の開拓を進め，3,000グループの実績をあげたが，運動は暗礁に乗り上げたかたちになっていた。

　親子20分間読書運動は，そうした状況下で浮上した新たな運動であった。開始1年で約8万5千人が参加。1964～74年までが定着期，1975年以降が発展期と言われている。1980年代以降は約500グループ，会員数2万8千人前後で推移している。この運動は，「親も子も読書の習慣を体得」するとの趣旨を掲げたが，実際には母親は子どもの読書を援助する役割にとどまっていた。こうしたことから運動の問題点が指摘されている。しかし，子どもの本を家庭のなかに持ち込むこと，子育てをしながら本に親しむこと，その大切さを子どもに伝えることなどは，子どもに本を読む楽しさを知ってほしいと願う全国の母親たちにその後も支持されている。（→「6.3　親子読書と文庫と」）

## (3) 読書運動の二面性

　長野県 PTA 母親文庫の影響は各地にも及んだ。日本図書館協会（JLA）はこの運動に着目し，1950 年代の後半から 60 年代にかけて，不読者層を読書層へ，つまり本を読まない人びとを読む層へと導くための運動のモデルとした。しかし，読書普及運動は，館外活動の一環に位置づけられはしたものの，図書館施設・設備や資料費に対する支出が思うに任せないという経営判断があったことは否定できない。とすれば，そこに図書館の整備・拡充への展望を見出すことはむずかしい。

　そもそも読書会，読書運動は，戦前における貧弱な施設と不十分な資料といった条件下で好まれた図書館経営であった。戦後もしばらくは物資不足に悩まされ，生活が困窮し，本などは後回しといった，戦前と状況がそう大きく変わらないなかで実施された。県立図書館中心の図書館経営もそのまま戦後に持ち越されたこととあわせ，市町村立図書館の自主的な活動の発展を阻む結果となった。

　読書運動は，戦前のように思想の教化を標榜するようなものではないとしても，教育的な側面が全面に押し出されるとそれ自体が目的化してしまう。そのため，図書館サービスの形骸化を招くおそれがないとは言えない。その一方で，生涯をとおして読書習慣をもつことの大切さを，運動によって広めるメリットがある。

## (4) 読書運動から図書館運動へ

　1965 年 5 月，石井桃子の『子どもの図書館』が岩波新書の 1 冊として刊行された。その 1 か月後の 6 月には，東京・

日野市立図書館設置条例が公布された。日野に1台のBMが走りはじめるのは，その3か月後の9月である。前者には，子どものための読書施設実現の願いが込められ，後者はその実現のための実験装置ともいうべき試みでもあった。現在では両者は，児童サービスが大きく前進した象徴的な事柄として記憶されている。

日野市立図書館が運営の基本的に掲げたのは，貸出とレファレンスサービスという二つの機能で，これらを「いつでも，どこでも，誰にでも，何でも」の四つの面において実現することであった。利用者の動向の上で，大きな変化となって現れたのが児童の利用が急増したことであった。図書館を身近に感じるようになった母親に促されて，子どもたちは図書館に殺到した。

『市民の図書館』（日本図書館協会，1970）は，資料提供機能を図書館の基本に据え，市民の身近に図書館があることとともに，児童へのサービスを当面の最重点目標のひとつに置いた。『中小都市における公共図書館の運営』（「中小レポート」）から日野市立図書館の実践を経て『市民の図書館』がつくられ，これが図書館を地域につくるための指針となった。これによって，地域に暮らすすべての市民が図書館を利用できる環境が整った。図書館のサービス方針が，本を読まない人への支援から，本を市民の身近に置くことによって，自由に本を利用できる環境を整備することへと転換していった。

## 3.6 図書館運動の課題

| | |
|---|---|
| 1967.6.23 | 文部省社会教育審議会,「公立図書館の設置および運営に関する基準案」を文部大臣に報告（告示はせず） |
| 1972.9.12 | 社会教育審議会施設分科会図書館専門委員会,「公立図書館の望ましい基準（案）」を発表 |
| 1973.7.12 | 社会教育審議会施設分科会,「公立図書館の設置及び運営上の望ましい基準（案）」を発表（告示はせず） |
| 1987.9.20 | 日本図書館協会（JLA）図書館政策特別委員会,「公立図書館の任務と目標」最終報告を発表 |
| 1989.3.29 | JLA『公立図書館の任務と目標　解説』刊 |
| 1992.5.21 | 生涯学習審議会社会教育分科審議会施設部会図書館専門委員会,「公立図書館の設置及び運営に関する基準について」（報告） |
| 1999.7.16 | 図書館法一部改正（法律第87号）（図書館法第13条3項の廃止） |
| 2001.7.18 | 文部科学省（文科省）「公立図書館の設置及び運営上の望ましい基準」告示 |
| 2012.12.19 | 文科省「図書館の設置及び運営上の望ましい基準」告示 |

　ここでは近年の図書館をとりまく状況を見ておきたい。図書館数は年々増加する傾向にあり，図書館に対する関心も決して低いわけではない。しかしその一方で，図書館経営の民営化（商業化）が進み，人材の育成やあるべき図書館運営についての議論は，深まっていない。町村立図書館の整備も十分とは言えない。次なる運動の課題を歴史のなかから探ってみたい。

## (1) 「望ましい基準」案

　図書館法上の基準には（制定当時），第18条「公立図書館の設置及び運営上の望ましい基準」（以下「望ましい基準」）と第19条「国庫補助を受けるための公立図書館の基準」があった。後者は最低基準というべきものであったが，1999（平成11）年地方分権一括法の成立によって削除された。一方，「望ましい基準」は，「図書館の健全な発達を図るために」定められ，教育委員会によって提示されるとともに一般公衆に対して示されることになっていたが，図書館法公布後，2001年までの半世紀にわたり示されないままに推移した。この間の基準案をめぐる経緯については，年表のとおりである。

　このなかで1972年の「望ましい基準」案は，「市町村立図書館が住民の生活に役立つためのサービスの水準」を維持するために運営，資料，施設，職員のそれぞれについての基準を示し注目された。たとえば，市町村立図書館の年間貸出冊数を人口の2倍とし，市立図書館の年間増加冊数を人口1,000人あたり125冊以上（町村立図書館は2,000冊以上）とした。年間増加冊数は，住民の図書館利用を魅力ある資料によって将来にわたり保障するもので，継続的な図書館運営を考える上での基準とされた。

　しかし，1980年代になっても「望ましい基準」が提示されることはなかった。

## (2) 「公立図書館の任務と目標」

　1983年9月，日本図書館協会（JLA）に図書館政策特別委員会が設けられ，「望ましい基準」に代わる基準づくりが進められた。4年後の1987年9月，同委員会は「公立図書館

の任務と目標（最終報告)」を公表，1989年3月にはこれに解説を付し『公立図書館の任務と目標　解説』（日本図書館協会）を刊行した。同書は，『中小都市における公共図書館の運営』（「中小レポート」），『市民の図書館』を継ぐ政策文書に位置づけられる。

　最終報告の後，「解説」を付す段階で，新たに「第4章　公立図書館の経営」の稿を起こし，職員，経費，施設が記述された。「職員」の問題は，きわめて重要な課題でありながら，これまで十分な対応がなされなかったが，この報告には，「図書館を設置する自治体は，司書（司書補）を専門職として制度化すべき」（第4章）と明記された。

　報告書は，国の図書館政策の転換に釘を刺すかたちで，「図書館サービスの中核である資料提供に直接かかわる一連の過程をはじめ図書館運営を他に委託することは，公的責任の放棄」（第1章）だと指摘，公立図書館の任務に基づく図書館経営をもって，委託に対峙すべきとの姿勢を示した。

## (3)　多様化する図書館経営

　2001年7月，文部科学省により「公立図書館の設置及び運営上の望ましい基準」が告示され，2012年12月に改正された。ところが現在も，依然として十分な読書環境が整備されているとは言えない。近年の状況を見ておこう。

　職員全体に占める専任職員の比率は，ここ10年で79.8％に減じ，これとは反対に非常勤・臨時職員には委託・派遣が含まれるようになり，10年で2倍以上となった。この結果，正規職員の占める割合は60.6％から35.1％となり，深刻な状況を呈している。資料費は86.5％と減少している（表1）。

表1 雇用形態別職員数および資料費の比較

|  | 専任（正規職員の割合） | 非常勤・臨時 | 資料費 |
|---|---|---|---|
| 2000年 | 15,175人（60.6％） | 9,861人 | 355億3393円 |
| 2010年 | 12,114人（35.1％） | 22,490人 | 307億4181円 |
| 2010/2000 | 79.8％ | 228％ | 86.5％ |

出典：『日本の図書館』2005, 2010（日本図書館協会, 2006, 2011）
2000年は，非常勤・臨時職員。2010年はこれに委託・派遣を加えた数値
資料費は，2000年は前年度，2010は前々年度

　次に，指定管理者制度の導入について見ておこう。指定管理者制度は2005年から導入され，JLAの調査によれば，年約50館増加，2010年度までに273館が導入している。一方で2011年度の調査では，2005〜2008年に指定管理者制度を導入したが，直営に変更した館が7館あったことも明らかにされている。また，経営の内訳は，民間企業が7割近くを占め（表2），指定年限は3〜5年がほとんどである（92.6％）。

表2 2010年度までに導入した指定管理者の性格（図書館数）

|  | 民間企業 | NPO | 公社財団 | その他 | 合計 |
|---|---|---|---|---|---|
| 図書館数 | 185（67.8） | 32（11.7） | 45（16.5） | 11（4.0） | 273（100.0） |

出典：『現代の図書館』49巻4号, 2011.12　　　　　　　　（　）は％

## (4) これからの図書館

　町村立図書館の設置率は，1970年代の後半に2桁に達し，1980年代後半までの約10年間は10％台のまま推移した。

90年代のはじめに20％台,90年代後半に30％台,2000年代前半に40％台,後半は50％台と設置率は上昇している(表3)。

**表3 町村立図書館数および設置率の変遷**　　　　　( ) は％

|  | 1975 | 1985 | 1995 | 2005 | 2010 |
|---|---|---|---|---|---|
| 図書館数 | 253 (9.7) | 412 (15.8) | 721 (28.0) | 772 (46.6) | 501 (53.2) |

出典:『日本の図書館』2005, 2010(日本図書館協会,2006,2011)

　しかし,これは「平成の大合併」により町村数が大幅に減少したことによるもので,2005年から2010年の間に271館減少している。行政面積が拡大し,生活圏が広域化することにより,子どもや高齢者などに対するサービスが低下することが懸念されている。町村立図書館の設置率が50％を超えたところで,「中小レポート」が地域住民のためのサービスの重要性を指摘したことからすると,まだ道半ばであり,地域における図書館の整備は現在もなお大きな課題だと言える。
　「望ましい基準」案が示されて以降,数値基準は自治体を規制するとの考えから,これに対し消極的な考えがあることも事実である。しかし,滋賀県が図書館振興策の実施に際し,1973年の基準値を採用し,はるかに上回る成果をあげたことを思い起こしたい。まずは改正「望ましい基準」を検証し,明確な目標を設定して,あるべき基準に作り上げていくことが求められる。

## 参考文献

### 3.1

- 永末十四雄『日本公共図書館の形成』日本図書館協会　1984
- 新井勝紘「自由民権運動と図書館」『図書館史研究』4 号　1987.9
- 河北町の歴史現代編編集委員会編『河北町の歴史　現代編』河北町　2005
- 谷地町誌編纂委員会編『谷地町誌編纂資料編』第 3 巻　谷地町誌編纂委員会　1955

### 3.2

- 是枝英子『知恵の樹を育てる：信州上郷図書館物語』大月書店　1983
- 奥泉和久「図書館運動の系譜：長野県下伊那郡青年会の図書館運動をめぐって」『図書館文化史研究』18 号　2001.9
- 清水正三『図書館を生きる：若い図書館員のために』日本図書館協会　1995
- 奥泉和久「森博　図書館実践とその思想：静岡県気賀町立図書館時代の活動を中心に」『図書館界』63 巻 2 号　2011.7

### 3.3

- 石井敦編, 佐野友三郎［著］『佐野友三郎』日本図書館協会　1981（個人別図書館論選集）
- 再生児童図書館編『再生児童図書館拾年の歩み』再生児童図書館　1957
- 児童図書館研究会編『児童図書館のあゆみ：児童図書館研究会 50 年史』教育史料出版会　2004
- 松岡享子「東京子ども図書館　十年の歩みをふりかえって」『こどもとしょかん』20 号　1984.1

- 「東京子ども図書館」(http://tcl.or.jp/about2.html　引用：2013.11.30)

3.4
- 宮崎真紀子「戦前期の図書館における婦人室について：読書する女性を図書館はどう迎えたか」『図書館界』53巻4号　2001.11
- 小黒浩司「日本における図書館利用者の歴史的変遷について」『現代の図書館』50巻3号　2012.9
- 江東区立深川図書館編『深川図書館100年のあゆみ』江東区教育委員会　2009
- 石川敬史「叶沢清介の図書館づくり：PTA母親文庫まで」日本図書館文化史研究会編『図書館人物伝：図書館を育てた20人の功績と生涯』日外アソシエーツ　2007（日外選書）
- 山梨あや『近代日本における読書と社会教育：図書館を中心とした教育活動の成立と展開』法政大学出版局　2011

3.5
- 叶沢清介『図書館，そしてPTA母親文庫』日本図書館協会　1990
- 椋鳩十『母と子の20分間読書』あすなろ書房　1961
- 『鹿児島県立図書館史』鹿児島県立図書館　1990

3.6
- 塩見昇「指定管理者制度をめぐる現状の考察」『図書館雑誌』105巻7号　2011.7
- 日本図書館協会図書館政策企画委員会「図書館における指定管理者制度導入についてのアンケート　集計結果」『現代の図書館』45巻1号　2007.3
- 日本図書館協会図書館政策企画委員会「図書館における指定管理者制度の導入の検討結果について　2011年調査報告」『現代の図書館』49巻4号　2011.12

# 4章 都市空間のなかの図書館

【現代からの視点】

　2000年を過ぎたあたりから，公共図書館は，無料貸本屋であるとか，貸出至上主義といった批判にさらされるようになり，それは現在もつづいている。ここではこのことには言及しないが，それでも，果たしてそうであろうか，ということくらいは述べておきたい。

　かつて，それは50年くらい前を想起していただければよいであろう。図書館の開館前に行列ができるというのはひとつの風物詩だった。行列は図書館数が少なかったためであり，人びとが図書館に求めたのは座席だった。戦後の図書館はそこからスタートしたことは知っておいたほうがよい。

　1959年のアメリカ図書館研究調査団の目的は，レファレンスサービスの研修だった。ところが，清水正三は，アメリカの図書館の貸出の多さに驚いた。そこで，清水は，まずは貸出を普及させることがレファレンスサービスを周知するための前提だと考えた。この理解が正しいかそうでないかはさて措く。大雑把に言うが，1960年代以降，図書館員の多くは，清水の考えに沿ってサービスを進めてきたのであろう。とするなら，それを貸出至上主義とは言えないのではないか。

　同様の方法を繰り返していればそれで足りると言っているのではない。社会の変化に伴い図書館の利用者も多様化している。いま重要なのは，図書館のある側面だけを誇張する論調に振り回されることなく，明確な方針に基づいてサービスを実施することではないか。

## 4.1 明治初期の「図書館」事情

| | |
|---|---|
| 1872.-.- | この頃,東京浅草に新聞茶屋（新聞を置き見料を取る） |
| 1876.7.2 | 仮名垣魯文,横浜野毛坂上に諸新聞縦覧所「窟螻蟻」を開設 |
| 1876.7.- | この頃,上野公園内に新聞縦覧所（見料3銭） |
| 1878.-.- | 新聞が流行,このため貸本屋が減少 |
| 1882.-.- | この年,東京府内の貸本屋数66 |
| 1885.10.- | 東京神田のいろは屋,貸本業を専業とする |
| 1888.4.- | 東京上野に可否茶館開店 |
| 1899.11.1 | 秋田県立秋田図書館開館,翌年新聞室,新聞閲覧室設置 |
| 1903.7.6 | 山口県立山口図書館開館,入口近くに新聞雑誌閲覧席 |

　新聞は，文明開化期の新たなメディアとして登場し，人びとの関心を集めた。ところが新聞が高価であったこと，誰もが読めるわけではなかったことから，各地に縦覧所がつくられた。この施設は都市にも農村にもつくられるが，流行ったのは都市のそれである。

### (1) 新聞の登場

　文化（1804〜17年）の頃，江戸に650余，大坂には300余軒，天保の頃（1830〜43年）には，江戸に800余軒の貸本屋があった。草双紙（絵入りの読み物）や読本（読み物）など，貸本屋はお得意先の好みに合わせて本を置いていった。そればかりか客の本の補修などもしていたという（山本笑月『明治世相百話』中央公論社，1983）。

　しかし，和紙から洋紙へ，木版から活版へと製紙や印刷技

術が進むにしたがい,洋装本が主流となる。すると本は背負いきれないほどの重さになった。自分の背丈よりも高く「細長い風呂敷包みを背負い込ん」だ貸本屋は減る一方で,新刊物や好みに応じて得意先を回ったのは「明治十五六年まで」だったという。

行商スタイルの貸本屋が廃れると,居付き(いつ)といって店舗を構えるようになる。店は,大衆向けと学生,学者,著述者などを相手にするものとに分かれた。東京・神田に開業したいろは屋は,江戸時代にはれっきとした書肆(しょし)で,明治維新後の読書界の趨勢が一変したのを機に1885(明治18)年,貸本業を専業とした。

新聞は,開化期の都市における新たなメディアとして登場した。新聞は,現在ほとんどの場合「新聞紙」を意味するが,もともとは新しく聞いた話や新しい話題の意味で,いまとは少々ニュアンスが異なる。新聞が普及し,大新聞(おおしんぶん)・小新聞(こしんぶん)に読者が二分されると,貸本ファンは,小新聞(大衆向け)へ流れ(総ルビの新聞小説),やがて新しい読み物へと興味を移していった。

## (2) 新聞縦覧所の誕生

図書館は,都市化とともに発展してきた。都市は,人びとが集まり,政治・経済・文化の中心をなす地域のことである。そこには情報も集中する。人びとは情報を求めて都市に集まる。そこで情報・知識を収集し,組織し,利用に供する図書館の機能が求められるようになる。図書館の初期における形態は,まだ現在のような構造をとってはいないが,そのひとつに新聞縦覧所があげられる。

新聞縦覧所の縦覧は「じゅうらん」と読み，はじめは「しょうらん」と読んだ。ほしいままに見る，という意味である。新聞縦覧所は，ただ新聞を見せる場所ではなく，自由に見ることができるところということになる。

　新聞は，開化期には，明治新政府が民衆への御布達(おふれ)を浸透させることを目的として購読を奨励した。新聞縦覧所は文明開化を宣伝するために開化政策の一環として公衆の集まる，県庁，役場などの行政機関や小学校などに置かれた。それらは公設で，無料のところが多かったが，1877年頃を境に減少する。初期の新聞縦覧所には，解話会といって新聞の内容を公衆に伝えるための啓蒙的な役割をもつものもあった。

　代わって明治10年代（1877年以降）になって多く設立されるのが，自由民権結社や有志者による新聞や書籍の縦覧施設である。この頃，新聞は民権化して，政論を基調とする傾向を強めていった。すでに3章1節で述べたが，小規模な新聞縦覧所が多かった。

### (3) 都市における展開

　新聞縦覧所は，地方の隅々までつくられた。町の中心地にあっても客が少ないところがあれば，見料を取らないので客が絶えることがないというところがあった。あまり種類を置いていない縦覧所があれば，数種から数十種，多いところは100種も置いた。地域によっても場所によっても差があったようだが，やはり人気があったのは，無料で多種を揃え，町のなかにある縦覧所だった。

　東京では，1872年，浅草に新聞茶屋ができる。これはどちらかというと休憩施設だが，そこに新聞を置いたことはそ

れだけ新聞に対する注目度が高かったことのあらわれと言える。同じ年に，日本橋や京橋の書肆が新聞や翻訳書籍を置いて見料を取って見せた。翌年に浅草，上野など寺社の境内が公園に指定されると，参拝客などを目当てに店が出された。

　公園や商店街，学校など開化政策によって出現した新たな空間に数多くの新聞縦覧所がつくられていった。それらの多くは有料であったが，新しい情報を求め，新聞を読み比べることなどが娯楽とセットになって人びとの生活の一部を占めるようになった。このほかにも風呂屋，床屋などが客寄せのために新聞を置いて見せた。篤志者が自宅などを開放して無料で縦覧させるとの広告が新聞に掲載されていることからすると，その数は相当数にのぼると考えられる。

　少し後になるが，1888年，東京・下谷区の上野黒門町に「可否茶館」が開店する。コーヒー1碗，1銭5厘で新聞や雑誌などを読ませた。それだけでなく和漢洋の書籍や書画など随時収集すると宣伝する（鄭永慶『可否茶館広告』著者刊，1888）。新聞や書籍などによる情報が客にとって魅力だったことをうかがわせる。

## (4) 開かれた読書空間

　1883年，新聞紙条例が改正され，自由民権運動を制圧するために新聞の発行を規制するなど，言論に対する取り締まりが強化された。これを境に，新聞縦覧所は町中から徐々に姿を消す。同じ時期に公立書籍館が各地につくられたが，師範学校内などに置かれたため利用者には不便で，また新しい資料もなく，更新されることもなかった。1880年代の松方デフレによる財政難によって公立書籍館もほどなく姿を消

す。

　ここでもうひとつ，別の見方をしてみたい。新聞縦覧所，とは言えないが，その痕跡をとどめていると考えられるのが新聞閲覧室である。1899年11月に開館した秋田県立秋田図書館は，翌年新聞室，新聞閲覧室を置くが，いずれも玄関からは遠い位置にある。1903年7月に開館した山口県立山口図書館では，入口付近に新聞雑誌閲覧席を置いた（児童閲覧席と同じ部屋）。その後多くの図書館が，入口近くに新聞閲覧室と児童室を置くようになり，それがやがて定番化する。

　新聞は，かつては最先端のメディアであり，常に新しい情報を人びとに提供しつづけてきた。市民もそれらの情報を必要とした。これはごく当たり前のことであり，あらためてこれらを論じる必要もないかもしれない。それでも，図書館が新聞という新しいメディアをいち早く市民のために揃え，サービスの提供を進めてきたことは記憶しておいてもよいのではないだろうか。

　図書館の主流をなすのは，静的な読書空間であった。それに対して新聞縦覧所は動的であったように思われる。新しい情報が提供される場であり，人と情報，人と人とが出会う場でもあった。さらには議論の場としての可能性をもちながらも，開かれた空間であったが故に発展の機会を奪われたと言えないだろうか。前者の多くが勉強部屋へと展開していったのとは対照的であった。単純には断じきれないが，検討の余地はあると思われる。

## 4.2 図書館の地域計画

| | |
|---|---|
| 1908.11.16 | 東京市立日比谷図書館開館式，11.21 閲覧開始 |
| 1909.8.5 | 東京市立牛込簡易図書館開館 |
| 1909.9.10 | 東京市立深川図書館開館 |
| 1909.12.1 | 東京市立日本橋簡易図書館開館（以降各区開館） |
| 1911.-.- | 大阪府立図書館，分館構想あり |
| 1915.3.- | 東京市立図書館，機構改革 |
| 1915.11.10 | （私立）佐賀図書館，唐津分館を設置 |
| 1918.4.13 | 佐賀市内の勧興，循誘，赤松，日新小学校に分館設置 |
| 1921.6.20 | 大阪市立阿波座・西野田図書館開館 |

　農村は生産と生活の場が結びついていることから，農村部の図書館には，地域の産業を振興するといった役割が期待されてきた。これに対し，都市は人びとが集まる地域であり，生産・労働の場と生活の場が分離する。そのため都市に生活する人びとは，労働のための情報と地域社会で自由な時間を過ごすための情報を求めるようになる。

　都市に立地する公共図書館に求められるのは，そこで生活する人びとの多様なニーズに応えるためのさまざまなサービスである。都市化する社会に図書館はどのように対応しようとしたのか。まずは住民の近くにより多くのサービスポイントを置くことから着手していった。それらがどのように進められてきたのかを見ておこう。

### (1) 東京市の図書館計画

　1887（明治20）年3月，大日本教育会附属書籍館が東京に

開館する。帝国図書館の前身の「書籍館」を別にすると，東京の公共図書館の第1号ということになる。1902年6月になり，私立大橋図書館が開館，大都市にやっと本格的な図書館が出現する。

大橋図書館の設立にあたり，組織・諸規則の起草を委嘱されたのが東京外国語学校教授の伊東平蔵だった。伊東は，同館が開館すると，主事として実質的な運営を任された。公立図書館不在のなか，同館は大都市東京の第一級の図書館として，帝国図書館の約半数の閲覧者を集めた。

1904年に東京市立日比谷図書館の設置が決まるが，それ以前にも東京市に図書館を設立する計画はあった。1900年，東京市教育会が案をつくり，これに日本文庫協会，東京市が加わり検討が加えられた。この案は実現せず，延期となるが，伊東平蔵は，委員として一連の調査に関与していた。伊東による案には9項目が提示されているが，そのうちの主たるものは次のとおり（『東京市教育時報』3号，1900.12）。

・各区に図書館を設置すること
・設置の費用は市の負担であること
・主として通俗の図書を3,000～5,000冊程度備えること。
・開館は昼夜行うこと

東京市会議員となった大橋図書館理事の坪谷善四郎が，1904年に市立図書館の設立を市会に建議した。設置が決まると，1906年9月に伊東は開館準備のために大橋図書館から東京市立図書館に移る。日比谷図書館は，大規模館を主張していた坪谷の案に沿って建設が進められたが，伊東の構想はその後，東京市内各区に図書館が設置されるなかで実現されていく。

## (2) 大阪府立図書館の分館計画

　関西の中心地，大阪の図書館事情はどうだったのか。大阪府立図書館は，第15代住友吉左衞門（友純）の寄附によって1903年にスタートしている。その後の運営を見ると，西の帝国図書館をめざしたかのように見える。しかし，当初からそうだったわけではない。

　同館では，1911年の分館計画のもと，府下全域に対するサービス構想がまとまっていた。ところがその10年後の1921年1月，児童図書閲覧室を廃止，本館，書庫の相次ぐ増築を経て，ひたすら大規模館へと邁進する。その方向を決定づけたものは何か。

　開館以来，初代館長を30年間つとめたのが今井貫一であった。今井は，分館計画を提起した翌年の1912年3月，欧米へ視察に向かう。調査目的は，図書館，通俗図書館，巡回文庫の設備に関することや児童，少年の読物およびその遊戯にかかわる公共施設などについてであった。

　しかし，帰国後，今井は分館計画を撤回，「本館」の充実をはかる方向へと運営方針を転換させる。それはあまりにも欧米とこの国との図書館の落差に衝撃を受けたからだという。1915年，今井は「通俗図書館設置計画案」を立案，大阪府立図書館は学術図書館をめざし，分館計画は大阪市に委ねるとの結論に至る。1921年6月，大阪市立図書館が開館，府立図書館の計画を引き継ぎ，市内に分館の設置を進めることになる。

## (3) 佐賀の図書館計画

　東京市立図書館の計画を終えた伊東平蔵は，1913年1月，

●創立当初の佐賀図書館

旧佐賀藩主鍋島直大(なおひろ)に請われ,肥前(佐賀)出身の伊東祐穀(いとうゆうこく)とともに私立佐賀図書館設立委員に迎えられる。翌1914年2月,同館が開館した。伊東祐穀が館長に,副館長には伊東平蔵が就くことになった。同館は利用者を待つといった受動的な方法ではなく,利用を促進するための積極的な図書館経営をめざすことになる。4月に館外貸出を実施,11月には巡回文庫を開始した。

そして,1915年11月,唐津市に唐津分館が開館する。同分館の開館式で伊東祐穀館長は次のように述べた。東京では,日比谷と市内の学校内簡易図書館との間には幾分かの連絡があるが,いまだ「本支館」(日比谷とそれ以外の館)の連絡が完備しているとは言い難い。したがって,唐津分館は日本における最初の分館である。分館の設置によって,佐賀市の全域に図書館サービスを拡大すること,また,市民の読書利用の機会が増大し,読書普及に大きな効果が期待できる。

その後の設置状況は以下のとおり(かっこ内は配本冊数)。
1915年11月　唐津分館(1,100冊)
1918年4月　佐賀市内の勧興,循誘,赤松,日新小学校

に各分館（各 600 冊）
　同年 7 月　三養基郡鳥栖町に鳥栖分館（340 冊）
　同年 12 月　藤津郡図書館に藤津分館（4,582 冊）
　各分館には佐賀図書館の図書が配本され，利用は配本数の約 5 倍に上った。その後，唐津は唐津市鳥栖，藤津は鹿島市立図書館に移管，市内分館は 1922 年に廃止された。

## (4)　東京市立図書館網の整備

　1908 年 11 月，東京市立日比谷図書館の開館に次いで，2 館目に設立が決まったのは深川図書館であった（開館は牛込，日本橋が先）。なぜ深川図書館だったのかというと，当時，東京にはすでに東方の上野の森に帝国図書館，南方の麹町には大橋図書館があった。西に日比谷公園が位置していて，東南の位置に空白地帯が残っていた。そこが深川公園だった。

　以降，1 区に 1 館を置く計画によって順次図書館の設置が進んだ。1915 年，市内各館の連携をはかるため機構改革を実施，日比谷図書館に館頭が置かれることになり，今沢慈海が就任した。閲覧料（日比谷以外）の無料化，館外貸出重視の方針，開架の促進など先駆的なサービスがこの時期に実現している。

　少し後になるが，館報『市立図書館と其事業』第 2 号（1921.11）では「皆さんが，幸福な生活をお求めなら／愉快に御執務なさるには，東京市立図書館へ」と，都市生活者のための支援をアピールした。大正期に入り東京市内の電気，交通など都市のインフラが整備されたことに加え，教育の発達，出版点数の増加など，人びとが図書館を利用するための条件が整備された。

## 4.3 都市災害と図書館の再生

| | |
|---|---|
| 1907.6.- | (北海道) 函館毎日新聞社緑叢会,附属図書室開館,無料公開 |
| 1907.8.25 | 函館大火で函館毎日新聞社緑叢会附属図書室を焼失 |
| 1909.2.11 | 私立函館図書館開館 |
| 1916.-.- | 函館図書館,鉄筋コンクリート造による書庫完成 |
| 1918.9.- | 岡田健蔵,「多年ノ蒐書ニ全資産ヲ失フ」 |
| 1923.9.1 | 関東大震災により,多数の図書館が被災 |
| 1926.3.- | 私立函館図書館,1915年以来の図書館問題決着 |
| 1927.10.- | 函館図書館,鉄筋コンクリート造館舎完成 |
| 1928.7.17 | 市立函館図書館開館 |
| 1934.3.21 | 函館大火,市立函館図書館本館,書庫焼失を免れる |

　函館には,大規模な火災が繰り返し起こった。なかでも被害が大きかったのは1907 (明治40) 年と1934年の大火であった。岡田健蔵 (1883-1944) は,明治の大火により自力でつくった図書館を失ったが,昭和のときには,市立函館図書館を守った。延焼を免れた書庫には,それまで彼が財を投げ打って集めた北方資料や石川啄木の「日記」などがあった。一方,東京市立図書館は関東大震災に見舞われたが,復興後に最新の図書館を再スタートさせることとなる。

### (1) 私立函館図書館の不燃質書庫

　1906年5月,函館毎日新聞の投稿者らによって緑叢会が結成される。9月,岡田は同会に図書館設立を建議,設立委員となる。翌1907年6月,自宅店舗内に附属図書室をつく

り,無料公開した。岡田は,西洋蝋燭を製造するために関連する資料をさがしたが,適当な文献が見つからず,図書館の必要性を痛感し,自力で図書館をつくる。しかし,この年の8月の函館大火ですべてを失う。

1909年2月,区内の有志65名の賛同を得て,私立函館図書館が開館する。開館時すでに岡田は「書庫は追ては鉄又は石材を以て建設すべき予定」(『函館図書館第1年報』1910)との構想をもっていた。1913年2月,当地の実業家相馬哲平から,岡田に対して書庫建築費9,000円の寄附の申し入れがあった。翌年,岡田は辰野金吾,葛西萬司両博士に工事を委嘱,1916年には「不燃質」(鉄筋コンクリート造)5階建て書庫の完成をみる。道内でははじめてのことで,工費は10,600円だった。

1915年11月,函館区会で御大典記念事業として区立図書館の建設の話が浮上したことから(12月決議),区は,私立函館図書館の移管を函館図書館維持会(同館設立のために発足した会員で組織)に要請する。ところが,維持会は,館舎の建築を「不燃質」とするとの条件を提示,区側も木造建築の主張を譲らず,協議は難航する。そこで岡田は,1922年10月,図書館事業促進のために市会議員に立候補,当選を果たす(8月市制施行)。それでも話は一向に進展しない。

## (2) 岡田健蔵,資料を守る

この問題に解決の兆しが見えてきたのは,1926年に入ってからのこと。函館市は,大正天皇の病状の悪化に伴い,在位中に記念事業を実施すべきとの方針のもと,維持会に譲歩,「不燃質」による図書館建築を認めることとなる。3月,市

会は，市立図書館の建築を議決。これによって，10年余りの抗争に終止符が打たれた。

　1926年10月，岡田は図書館の完成を期し，再び市会議員となる。かねてから実業家の小熊幸一郎(おぐまこういちろう)から図書館建設のため，2万円の寄附の申し入れを受けていて，それを岡田が交渉して5万円につり上げた。これによって1927年10月，鉄筋コンクリート造3階建ての図書館本館が完成した。

　1928年7月，市立函館図書館が開館，1930年7月には，岡田が館長に就任した。それから3年後の1934年3月，函館市の3分の1を焼失する最大級の大火に遭遇する。このとき岡田が固執した不燃質建築による建築と懸命の防火作業により，図書館は被害を最小限にとどめ，貴重な資料が守られた。

　岡田は，館内を罹災者の避難所にあて，翌月には早くも「復興都市建築材料陳列所」を開設，地域の復興のため情報提供に取り組んだ。その一方で，全国の図書館に対して罹災児童のために図書・雑誌の寄贈を呼びかけた。

　このような函館図書館の経過をたどってみると，いかに岡田健蔵の不燃質建築，つまりは鉄筋コンクリート建築に対する執念が理に適ったものであったかが理解できよう。岡田には自らの図書館を焼失した体験があったが，それだけではない。人を守るため，資料を守り抜くために建築が重視されなければならないことを周到な調査によって準備し，それを弛まぬ運動をもって実証したと言えるのではないか。

## (3)　東京市立図書館，関東大震災への対応

　1923年9月1日の関東大震災では，東京・神奈川といっ

た大都市に被害が集中し,火災による犠牲者を多く出した。ここでは,東京市立図書館にしぼって見てみる。

　当時,東京市内15区には日比谷をはじめ,20館が設置されていた。震災で12館を焼失,焼失図書は10万余冊,これは全市の約半数に相当する。

　地震発生時,館員は,利用者の救助,負傷者の搬送,その後も市民の救護活動などに追われた。3日後の9月4日,被災を免れた日比谷図書館では,震災に関する案内・質問への応答業務,野外新聞縦覧所を開始した。9月20日,市内に臨時図書閲覧所6か所を設置,閲覧を再開した。同日,日比谷図書館は,次のようなチラシを配布,児童室を再開した。

　　災害を免れましたので御子様方の傷ついたお心をやはらげるに十分な図書を持ち合わせて居ります。……どうぞ御遠慮なくお遊びにおよこし下さい。(『市立図書館と其事業』18号,1924.3)

この月に,明治神宮外苑などにも臨時図書閲覧所ができ,翌10月には焼失した各館がバラック建てで閲覧を再開した。被害が少なかった三田,麻布,四谷,小石川の4館は館外貸出を再開した。つづいて,本郷図書館が再開,11月には日本橋,月島の両館が館内閲覧を再開している。

### (4) 関東大震災後の再開と復興図書館

　関東大震災直後の閲覧の傾向はどうだったのか。市内中心部の官公庁,新聞社,企業などの多くが罹災したため,閲覧再開前にも官公吏,記者,会社員などから日比谷図書館に参

考図書の貸出の要望があったという。開館と同時に，各種統計書，商工案内，それに宗教・哲学（死生・運命に関するもの）などの図書が利用された。次いで営業・就職案内，副業に関する資料などである。地震発生時に，民衆の混乱や大きな事件が起こったことから，社会問題に関する資料の利用も多かった。11月に入ると地震，火災に関する資料（住宅建築，自動車など）の利用が増えた。12月には，日比谷で「江戸以来東京震災資料展覧会」が開催された。この頃には，他県から被災地に向けて図書が届けられた。

当時の東京市立図書館は，かつてない充実期を迎えていた。その図書館が最大の危機に遭遇したときいかに対処したか。即時的には資料・情報提供を最優先したと言えるだろう。復興への動きも驚くほど早かった。9月15日，日比谷図書館で主任会議が開かれ，応急策が検討されている。ここで罹災者のもとへ本を供給する方法なども検討された。このときに図書館復旧事務のために社会教育課に適当な者を派出して，その事務を補助する必要があると主張する者があり，京橋図書館の久保七郎（1884-1975）がその任に当たることとなった。

数年の後には深川（1928年），京橋（1929年），一橋（1930年）の3館は日比谷をしのぐ近代的な大図書館に生まれかわった。すなわち，鉄筋コンクリート建て，スチール製書架，そして開架式閲覧（現在とは違い出入りに際しチェックを受ける安全開架式ではあったが）の本格的な導入である。

## 4.4 戦後公共図書館のモデル形成

| | |
|---|---|
| 1960.10.- | 日本図書館協会(JLA)が第1回読書活動実態調査(長野県 PTA 母親文庫) |
| 1963.3.31 | JLA『中小都市における公共図書館の運営』刊 |
| 1964.4.- | (福岡)大牟田市立図書館,「業務改善」開始 |
| 1964.-.- | (東京)日野市社会教育委員会議長に有山崧が就任 |
| 1965.6.20 | 日野市立図書館設置条例公布 |
| 1965.8.27 | 有山崧,日野市長に当選 |
| 1965.9.10 | JLA『市立図書館 その機能とあり方』刊 |
| 1965.9.21 | 日野市立図書館,BM「ひまわり号」貸出業務開始 |
| 1970.5.30 | JLA『市民の図書館』(1976.5.1,増補改訂) |

1960年代のはじめ頃までは,図書館運動の主流は読書運動であり,貸出ひとつとっても読書会などへの団体貸出が多かった。中小都市における公共図書館の運営基準を検討するための委員会が日本図書館協会(JLA)に組織され,報告書が作成されたのは,1963年であった。ここには当時としては破格の資料費の必要性が主張されるなど,既成概念を打ち破るほどの発想の転換があった。このレポートをもとに有山崧(ありやまたかし)によって戦後公共図書館のモデルが示された。東京・日野市立図書館がそれを実践し,これがその後の図書館運営を決定づけた。

### (1) 新たな図書館運動の提起

1963年3月,JLA から『中小都市における公共図書館の運営』(通称「中小レポート」)が刊行された。同書については,

オーラルヒストリー研究会によって，文献調査，資料収集，関係者へのインタビューが行われ，それらが『「中小都市における公共図書館の運営」の成立とその時代』（日本図書館協会，1998）にまとめられている。ここには次のような指摘があるので，以下に要約する（同書，山口源治郎「解説」）。

この報告書は単なる報告書づくりではなく運動としての側面を強くもっていた。その運動とは地方の若手の図書館員を動員，組織することで，調査に参加した図書館員はその後の地域における図書館づくりの中核を担うようになる。この報告書の普及も，研究集会，全国図書館大会などにおいて討論が設定されるなど，組織的に進められた。この一連の動きにJLAが大きな役割を果たした。

この当時図書館界の状況はどうであったのか。中小都市における公共図書館の運営基準を定めるための委員会が設けられたのは，1960年10月である。JLAが第1回（1957年12月）の読書活動実態調査をしたのが，長野県PTA母親文庫であり，1961年の時点で，母親文庫を開始して約10年，会員数は9万，利用者が100万人と運動のピークに達していた。言うなれば読書運動の全盛期であった。

「中小レポート」の内容については，ここでは繰り返さないが，実証的な調査と徹底した討論によって運営の基準が検討されたことは確認しておきたい。

## (2) 大牟田市立図書館の実践

「中小レポート」がその後の図書館運営にどのような影響を与えたのか。それはおそらく「中小レポート」を最も早く取り入れた図書館のひとつである，福岡県大牟田市立図書館

の実践を見ればわかる。同館の司書だった小柳 屯（こやなぎたむろ）の記録（『木造図書館の時代』（石風社，1999）に収録）がある。小柳は，「中小レポート」作成のための調査が熊本県八代市立図書館で実施されたとき，現地から調査委員として参加している。それがこの報告書を現場にいち早く取り入れることにもつながったようだ。

　1964年，大牟田市立図書館は「業務改善」と称して館内の改革を実施する。閉架から開架式閲覧への変更，受付，入館票（閲覧票を兼ねる）の廃止，図書の「再整理」などである。なかでも苦労したのは閲覧方式の変更であった。同館は1952年に閉架を前提としてつくられたため，建物の構造上の問題があった。これを開架にするために，閲覧席を半分に減らし，書架を置くスペースを確保した。最初は5,000冊からはじめ，徐々にその割合を増やしていくとの方法をとらざるを得なかった。そして，児童コーナー，レファレンスコーナーを設けていった。

　1960年代後半の頃には，貸出の列ができるほどに利用が急増した。図書館が利用されるのを待つのではなく，どうすれば利用される図書館に変われるのかを地域の図書館員が真剣に考え，それを現実の姿に変えていった。

### (3)　日野市立図書館のスタート

　「中小レポート」の歴史的な意義を決定づけたのは，日野市立図書館の活動であった。有山崧は「序」に，この報告書が従来の図書館の考え方を「転換」したと述べた。その後，自らの出生地，東京・日野に図書館をつくることになる。有山が日野にBMを走らせるまでを，順を追って見ておきたい。

1964年秋，有山は日野市社会教育委員会議長に就任，委員会のなかに特別委員会を設置する。委員のうち図書館関係者は，元大田区立洗足池図書館長で当時ミシガン大学図書館の森博，私立鶴川図書館長（東京・町田市）浪江虔（1910-1999），JLAの前川恒雄だった。委員会は市からの諮問に対し，中央館と分館からなる組織としての図書館の設置を提言する。翌年3月，日野市立図書館設置条例が議会で「継続審議」となる。最初から図書館の構想が議会に理解されていたわけではなかったことがわかる。その後の動きは次のとおり。

　1965年3月10日　有山，『市立図書館　その機能とあり方』を執筆（「はじめに」の日付）（日本図書館協会）

　6月20日　日野市立図書館設置条例公布，中央図書館および分館によって構成されることなどを規定

　8月27日　有山，日野市長に当選

　9月10日　『市立図書館　その機能とあり方』発行

　9月21日　BM「ひまわり号」貸出業務開始

　周知のとおり日野市立図書館は，自動車文庫（BM）1台でスタートした。その基本構想は，有山の『市立図書館　その機能とあり方』に述べられている。

## (4)『市立図書館　その機能とあり方』

　有山崧が執筆した『市立図書館　その機能とあり方』は，「中小レポート」の主張の基本線に沿いながら，「誰にでも，いつでも，どこでも」利用できる図書館のあり方が9つの章によって示されている（以下，かっこ内は筆者の要約）。

　第1，図書館はなぜなければならないか（図書館は市民の自主性や継続的な自己教育を支える）

●『市立図書館　その機能とあり方』

第2.　市立図書館は市全域の市民に対して責任がある（市立図書館とは図書館網のこと）

第3.　図書館とは建物のことではない（資料が第一，人，建物の順に重要）

第4.　市立図書館は市民の日常生活に直結しそこに積極的に進出して行くべきである（主役は，利用者）

第5.　専門職員が必要である（職員，館長の専門性を重視）

第6.　図書館を作るとき（資料費は重要な条件）

第7.　図書館と学生の利用（図書館の役割は資料提供）

第8.　市には市立図書館を設立すべきである（市立図書館が必要，当時の設置率は61％）

第9.　市立図書館と府県立図書館は役割と機能が違う（県立と市立とでは図書館の役割は異なる）

1966年6月，高幡図書館開館，同年8月には多摩平児童図書館が開館する（払い下げの都電を団地内に設置，1971年4月新館が開館）。そして，1973年4月，日野市立中央図書館が開館する。BMが走り出してから7年半後ということになる。

日野市立図書館の成功によって，戦後公共図書館のめざすべき方向が示されたと言えよう。

## 4.5 中規模都市における図書館の躍進

| | |
|---|---|
| 1952.3.8 | (福島) 金森好子, クローバー子供図書館開館 |
| 1970.5.30 | 日本図書館協会『市民の図書館』刊 |
| 1980.9.- | 京都市, 新図書館の運営委託を発表→1981.4 開館 |
| 1981.7.1 | (福島) 郡山市図書館新築開館 |
| 1982.10.- | (埼玉) 朝霞市立図書館を考える会発足 |
| 1983.3.1 | (千葉) 浦安市立中央図書館開館 |
| 1983.12.5 | 漆原宏『地域に育つくらしの中の図書館』刊 |
| 1984.3.31 | 浦安市立図書館, 市民1人あたりの貸出冊数初の2桁 |
| 1987.10.31 | 朝霞市立図書館新築開館 |
| 1993.3.- | (東京) 調布市, 新図書館を財団委託する方針を発表 |

1983年4月, 千葉県浦安市に東京ディズニーランドが開園, 浦安は一躍脚光を浴びることとなる。その1か月後, 同地に浦安市立図書館が新築開館する。さらにその1年後に, 市民1人あたりの貸出冊数2桁を記録したことが報告されたことは衝撃的でさえあった。日野市立図書館の開館から20年後のことだった。

一方で, 1980年代は図書館の業務委託が急速に広がっていった時期でもあった。社会の構造自体に変化が生じていた。それでも, 住民の要望を運営に生かそうとする図書館も少なくなかった。それは市民生活のなかに着実に図書館が定着していることを意味していた。

### (1) 市民の声を生かした図書館づくり

福島県郡山市図書館は, 市民が図書館づくりに参加したこ

とで知られるが，その背景には急速な都市の変化があった。1952年3月，郡山市に金森好子による「クローバー子供図書館」がつくられる。地域に文庫がつくられるようになり，1970年代に文庫が増えると，郡山市図書館が補助を行うようになった。1976年7月，「郡山市民の図書館をそだてる会」が結成される。1978年の新館建設のための図書館建設懇談会に市民の参加を実現させる。図書館協議会にも住民が加わり，基本計画作成へも参画することとなる。

郡山市の人口は，1960年に約10万人だったが，5年後の1965年には町村合併により，約22万人と118％の伸び率を記録する。市域の急速な拡大に伴い，1965年から75年にかけて，貸出数4倍，登録者5倍，図書費7倍と図書館利用が急増する。市民の読書活動の成長に図書館行政の対応の遅れが生じていたことが，市民の運動の背景にあった。

1981年7月，郡山市図書館は，新築オープンに際し，1階の開架貸出室に10万冊の図書を公開する。入口付近に低書架を配し，実用書を中心に「日本十進分類法」（NDC）に拠るのではなく独自のテーマで排架，多くの市民に利用された。

## (2) 都市のなかの新たな図書館

埼玉県の朝霞市も，郡山と同じく急速な都市化と市民参加によって新しい図書館づくりを実現した。1963年，朝霞町立図書館が公民館図書室として活動を開始している。このとき人口は約3万4千人，1967年に5万人を上回り，市に移行した。朝霞市の人口は，首都圏の拡大，住宅都市としての立地条件の向上などによりさらに増加して，1980年には8万人を超える。その2年後の1982年10月に「朝霞市立図書

館を考える会」が発足する。翌年6月には市立図書館新設の陳情を行い，住民参加を要望した。

1987年10月に開館した朝霞市立図書館は，中央に近いエリアの低書架に実用書のコーナーを設け，NDCにとらわれず，テーマごとに排架する方式を採用している。フロアの中心あたりの書架の高さは低く抑えられ，壁面に近くなるにしたがって書架が高くなるように配置されている。

首都東京の通勤圏の拡大に伴い，千葉県でも1960年代の後半から図書館施設の需要が高まり，松戸市，八千代市，柏市，千葉市などに文庫がつくられるようになる。1970年代のはじめには，千葉県立図書館の図書費を増額する署名運動が起こり，10万人の署名を集めた。松戸市や柏市ではこうした動きが図書館づくり運動に発展している。

## (3) 浦安市立図書館の図書館計画

浦安は，漁業の町として栄えていたが，1960年代に埋め立工事を開始し総面積を拡大，急速に都市化が進んだ。人口は1970年に2万2千人，1980年には6万5千人と10年で3倍となった。浦安町でも市制の施行（翌1981年4月）の動きにあわせて，図書館の充実を要望する声が町に寄せられた。

1980年8月，（仮称）浦安町中央図書館建設委員会が設置された。この時期に，中央図書館，分館の配置計画が整い，これによって人口居住地域内の95％の住民が半径1km以内に図書館施設をもつことになるとの計画が立てられている。

同じ頃，2件の陳情が継続審議になっていた。そのうちの1件は「町立図書館の住民サービスに関しての陳情」で，司書の採用・増員，移動図書館の充実，利用者の声を反映する

機会を設けることなどであった。要望されていることの多くは，図書館が当然の業務を行っていないためだとして，同館では，要望内容を検討し，司書の大量増員，移動図書館の新規購入，中央図書館完成後には図書館協議会を設置，そして多額の資料費を投入するなどにより対応した。

1983年3月，浦安市立中央図書館が開館すると，1年で市民1人あたりの年間貸出冊数が11.3冊と，日本ではじめて2桁を突破し，一躍脚光を浴びた。同館が短期間に急成長を遂げた理由のひとつには，住民の声を背景に，この力を生かす努力があったことを確かめておきたい。

(4) 暮らしのなかに図書館を

都市の変化に伴い，市民は図書館が自分たちの生活の必需品であると実感するようになった。そうした考え方が次第に広がり，裾野を形成して，新たな図書館づくりを促す力へと成長していった。図書館は，都市に暮らす人びとの生活感覚を優先し，サービスを再編成することで，本のある市民の広場として定着していった。

1983年，漆原宏が写真集『地域に育つくらしの中の図書館』（ポプラ社）を出版する。漆原は，1976年から図書館の写真取材をはじめ（図書館づくり運動実践記 - 執筆者紹介），各地の図書館を利用する市民の姿をファインダーに収めた。

BMの書架で本を探す人，持ちきれないほどの本を抱える子ども，その子どもたちの眼を釘づけにする数々の集会がある。そればかりではない。本を中心にして広場が形成されている。真剣な眼差しでレファレンスサービスを利用する人がいれば，図書館利用に障害をもつ人たちへも本が届けられる。

このように市民の一人ひとりの図書館体験のワンシーンが，時間の断片として切り取られている。

これらはいずれも数値に換算することはできない。しかし，『中小都市における公共図書館の運営』(「中小レポート」)から『市民の図書館』によってもたらされたサービスが着実に具現化していることがわかる。

●『地域に育つくらしの中の図書館』

1980 年代は，一方でサービスの根底を揺るがすような動きがあらわれた時期でもあった。1970 年代の後半以降，不況による自治体の財政危機が叫ばれ，図書館への影響が懸念された。

1981 年 4 月，京都市中央図書館が業務委託して開館した。これにつづく図書館が各地にあらわれた。その一方で，1993年 3 月，東京の調布市が新図書館を財団委託するとの方針を発表するが，これに対して 7 月「調布の図書館をもっともっとよくする会」が発足，9 月には同市在住の文化人が直営の維持を求めてアピールを出した。委託は業務の一部にとどまり，事実上委託は見送られる。委託化の勢いが加速するなかで，運動の展開によってはこれを食い止めることができることを立証し，全国の市民を勇気づけた。

## 4.6 サービスの広がり・利用の拡大

| | |
|---|---|
| 1980.4.30 | 日本図書館協会（JLA）『戦後公共図書館の歩み：図書館白書　1980』刊 |
| 1980.10.1 | （東京）墨田区立八広図書館開館 |
| 1981 年度 | 滋賀県図書館振興策，スタート |
| 1985.7.24 | （滋賀）八日市（現東近江市）市立図書館新館開館 |
| 1990.5.12 | （福岡）苅田町立図書館開館 |
| 1992.4.30 | JLA『図書館はいま：白書・日本の図書館　1992』刊 |
| 1993 年度 | 滋賀県，市町村立図書館の設置率 34 ％に上昇 |
| 2002 年度 | 滋賀県，市町村立図書館の設置率 80 ％で全国一に |
| 2003.10.1 | （島根）斐川町立図書館開館，「暖炉の部屋」を設ける |

　1970 年代の後半，地方自治を担う首長らによって，分散・分権型の自治への移行が提唱された。そのキャッチフレーズが「地方の時代」だった。『中小都市における公共図書館の運営』（「中小レポート」）や『市民の図書館』が市民にも読まれるようになり，これに歩調をあわせるようにして各地にすぐれた図書館ができていった。

### (1)　二つの図書館白書

　ここではまず二つの図書館白書を比べてみよう（いずれも日本図書館協会刊）。1980 年 4 月に刊行された『戦後公共図書館の歩み：図書館白書　1980』は，戦後 30 年の公共図書館の歴史を約 10 年刻みに模索，飛躍，展開と区分，それまでの実践の成果をまとめた。サービスの基本は資料提供（貸出）であり，その成長ぶりを評価した。しかし，レファレン

スサービスについては、貧弱な図書館予算のなかで重視したことが「中小図書館にあっては、逆に住民から遊離する結果になった」と批判の対象となる。

　一方、1992年4月刊行の『図書館はいま：白書・日本の図書館　1992』では、80年代に入ると登録者も貸出冊数も減少していることが報告される。なかでも児童については、日野市立図書館でも、1989年の登録数、貸出冊数が、1980年と比べ半減していることが明らかにされる。これは全国的な傾向であり、子どもの減少が大きな理由だが、それとともに「活字離れ」「本離れ」が進行していると分析する。

　そして、これにつづいて「図書館は変わりつつある」と、滋賀県の八日市市立図書館（現・東近江市立八日市図書館）の事例が紹介される。同館からある本を借りた一市民が、その本の参考文献にあげられている、鹿児島の民俗に関する資料を読みたいとリクエストしてきた。同館になかったので、滋賀県立図書館に尋ねた。国立国会図書館、鹿児島県立図書館にも照会したがいずれも所蔵していない。八日市市立図書館の職員は諦めず鹿児島県立図書館に手紙を書く。すると和泊町立図書館の未整理資料のなかから20ページほどのパンフレットが見つかったという。白書は、このような図書館の連合体を「図書館ネットワーク」と呼ぶこと、職員の自覚、使命感ということにふれ、さらには図書館が人びとの「知る自由」を保障する機関であることを指摘した。これらのことは何を意味するのであろうか。

## (2)　図書館ネットワークによる情報提供システム

　上に二つの白書を比べたが、同列に論じようというのでは

ない。まず八日市市立図書館について見ておこう。同館は，1985年7月に開館した。当時の人口は約10万人，市長の意向により，市外住民へも貸出を行う。1989年4月には，蔵書が11万冊に達したことから貸出の制限を撤廃した（それまでは，1人2週間，5冊まで）。ところが1991年度には，市外利用者の利用が総貸出冊数の39.0％を占める。業務の対応力を大幅に超えると判断した同館は，1992年4月，貸出冊数10万冊減の方針を打ち出し，貸出を市内登録者に限定する。これに対し周辺の町から要望が殺到した。八日市市立図書館は，町が図書館づくりを進めることを条件に利用を継続した。

これと前後するが，八日市市立図書館は，開館5年目に「八日市市立図書館の目標・1991」を定める。このなかに「要求された資料には，必ず応える図書館」とし，「絶対に『ありません』とは言わない。草の根を分けてでも，探し出して提供する」との方針を盛り込んでいる。全国の図書館などに依頼して必ず提供するシステムづくりをめざしたという（西田博志『図書館員として何ができるのか』教育史料出版会，1997）。

先の白書は，貸出が図書館サービスの重要な基盤であり，それを足がかりにしてさらなるサービスの質の向上をはかるべきだとする。これに対し，八日市の実践例は，貸出を基盤に，サービスを展開する可能性を示した。が，それだけではない。県立図書館は，情報環境を整備して，全国的な図書館協力のネットワークを形成すること，それによって市立図書館をバックアップすべきとの具体的な方策を示唆したとも言えるのではないか。

## (3) 本のある広場

　東京・墨田区立八広図書館は，1980年10月の開館に先立ち，「本との出会い人との出会い　図書館は本のある広場です」というイラスト入りのチラシをまいて，新しい図書館を地域にアピールした。ここでは開館準備の過程で住民との関係が見直され，要望の多かった集会機能が取り入れられた（ちばおさむ『本のある広場』教育史料出版会，1992）。図書館には資料があり，施設もある，という考え方が生かされて，子どもから高齢者まで気軽に立ち寄ることができるようになる。地域に根づくとはこういうことを言うのではないだろうか。

　1970年代以降，図書館は，資料提供の機能を前面に打ち出すサービスを展開した。そのため資料を利用せず，閲覧席を占領する利用者（席貸し）はサービスの視野の外に置かれた。ところが高齢化社会が進むにつれ，人びとの余暇時間が増大し，図書館のあり方にも変化が求められるようになった。

　1990年5月，人口約3万3千人の福岡県苅田町に，床面積約1,980㎡，職員18名（うち司書15名）の図書館が開館した。翌1991年度，登録者は人口の50％を超え，全国の町村立図書館で貸出冊数1位となる。同館は，学ぶ（町の情報センターとして），集う（本のある出会いの広場），憩う（自分の時間をお気に入りの場所で）をコンセプトに掲げ，すべての町民のための図書館をめざす（増田浩次『苅田町立図書館の3000日』リブリオ出版，1997）。これによって滞在型の図書館として，注目されることになった。

## (4) 高齢社会への展望

　2012年10月現在，総人口に占める65歳以上の人口は

24.1％となり，日本は「世界のどの国も経験したことのない高齢社会を迎えている」。さらには2025年には30％を超えるとの将来推計が示されている(『高齢社会白書　平成25年版』)。こうしたなか，図書館においても高齢社会に対応すべきサービスのあり方が検討されている。

　1980年代の後半，『みんなの図書館』(112号，1986.9)が「高齢者と図書館」の特集を組んだが，このときは図書館利用に障害がある人びとへのサービスとして障害者サービスに位置づけられていた。ところが1990年代の後半あたりから高齢者の多くは利用困難者には該当しないことが認識されるようになり，サービスのあり方が見直されるようになった。

　たとえば，1997年5月の大阪・豊中市立図書館協議会「高齢者サービスのあり方について（提言）」は，「高齢者が，自らの手でこのハンディを乗り越えて積極的な人生を築いていけるよう援助することが，図書館が果たすべき大きな役割」だとして，高齢者が利用しやすいような資料，施設，サービスの工夫を提起している。

　『現代の図書館』の特集「高齢者と図書館」(44巻3号，2006)では，利用者の高齢化に対するサービスのあり方が議論される。一例を示す。島根県斐川町立図書館（現・出雲市立ひかわ図書館）では，2000年4月図書館準備室を設置，この段階で高齢者サービスを企画している。イギリスの図書館を見学し，設計の段階で「暖炉の部屋」を設けた。高齢者向けの資料などを準備，「回想法」をとり入れた「思い出語りの会」を実施，高齢社会に向けた図書館づくりをはじめた。

## 参考文献

### 4.1

- 広庭基介「新聞縦覧所小論」(1)(2)『図書館界』25巻 3-4 号 1973.10-12
- 奥泉和久「明治 10 年代における新聞縦覧所の設立について」『図書館史研究』6 号　1989.10
- 永嶺重敏『〈読書国民〉の誕生：明治 30 年代の活字メディアと読書文化』日本エディタースクール出版部　2004

### 4.2

- 佐藤政孝『東京の近代図書館史』新風舎　1998
- 吉田昭子「東京市立日比谷図書館構想と設立経過：論議から開館まで」『Library and information science』64 号　2010.12
- 『中之島百年：大阪府立図書館のあゆみ』大阪府立中之島図書館百周年記念事業実行委員会　2004
- 『佐賀県立図書館 60 年のあゆみ』佐賀県立図書館　1973

### 4.3

- 田畑幸三郎「岡田健蔵：図書館にかけるひと」『文化の黎明　下』北海道　1967（開拓につくした人びと 8）
- 坂本龍三『岡田健蔵伝：北日本が生んだ稀有の図書館人』講談社出版サービスセンター　1998
- 藤島隆『藤島隆書誌選集：北海道の図書館と図書館人』金沢文圃閣　2012

### 4.4

- 『市民の図書館　公共図書館振興プロジェクト報告 1968』日本図書館協会　1969
- 前川恒雄『移動図書館ひまわり号』筑摩書房　1988

- 有山崧生誕100周年記念集会実行委員会編『有山崧の視点から，いま図書館を問う：有山崧生誕100周年記念集会記録』有山崧生誕100周年記念集会実行委員会　2012〔『市立図書館　その機能とあり方』全ページを収録〕

4.5
- 『郡山市図書館開館50周年記念誌：郡山市図書館要覧1994』郡山市中央図書館　1994
- 大澤正雄『公立図書館の経営』日本図書館協会　2005（図書館員選書21）
- 竹内紀吉『浦安の図書館と共に』未来社　1989
- 鈴木康之・坪井賢一『浦安図書館を支える人びと：図書館のアイデンティティを求めて』日本図書館協会　2004

4.6
- 『八日市市立図書館（新館）開館十周年を記念して』八日市市立図書館　1996
- 『苅田町立図書館20周年記念誌　平成21年度要覧：育てよう！本のある広場　そよ風の通り抜ける図書館』苅田町立図書館　2010
- 高島涼子「高齢者への図書館サービス」『図書館界』45巻1号　1993.5　ほか
- 溝上智恵子［ほか］編著『高齢者につなぐ図書館の役割：高齢者の知的欲求と余暇を受け入れる試み』学文社　2012
- 白根一夫編著『町立図書館をつくった！：島根県斐川町での実践から』増補版　青弓社　2008

# 5章 情報化社会と図書館

【現代からの視点】

　近頃の図書館情報学のテキストには，レファレンスサービスではなく，情報サービスを教えるように，と書かれている。アメリカのすぐれたサービスを学び，この国に普及させようという狙いのようで，それはひとまず理解できる。

　けれども，現場はどうなのか。そうした理論がサービスに十分に反映されているのだろうか。いまだに多くの公共図書館では，レファレンスサービスという用語ではなく，読書相談など，もっとわかりやすく利用できるような表現を工夫している。

　ここで理論と現場が乖離していることを指摘しようというのではない。また，情報環境が大きく変わってきていることを理解できないのでもない。新たなサービスを展開しようとするとき，そのための条件整備が必要なのではないかと思うのだ。

　一例をあげる。ビジネス支援というサービスが各地の図書館で実施されているが，「図書館がビジネス支援をしようと思うなら，専門書を充実させるべき」（村橋勝子『カイシャ意外史：社史が語る仰天創業記』日本経済新聞出版社，2008）との考えは検討されているのだろうか。そのための専門職員の配置，組織的な支援態勢の必要性がこのコメントの前提にあることは容易に理解できるであろう。

　こうしたことを考えるために，新たなサービスの基盤はいかにして形成されるべきか，ということや，最初のビジネス図書館はどのようなものかを見ておくのもよいのではないか。

## 5.1 レファレンスサービスの開始とその多様性

| | |
|---|---|
| 1900.10.- | 帝国図書館の「問答板」が『風俗画報』(218号) に紹介 |
| 1908.-.- | 東京市立日比谷図書館,「処務細則」に「案内」 |
| 1912.4.3 | 神戸市立図書館, 金網式書架に参考図書などを置く |
| 1915.4.- | 東京市立日比谷図書館, 機構改革, 同盟貸附実施, この年に図書問答用箋を作成, 実施. |
| 1921.4.- | 東京市立日比谷図書館, 調査係を置く |
| 1924.-.- | 神戸市立図書館, 図書相談票を置く |
| 1925.11.11 | 市立名古屋図書館, 読書相談設置 |
| 1927.4.- | 神戸市立図書館, 閲覧部に相談係設置 |
| 1937.9.- | (東京) 大橋図書館『トピック』創刊 |
| 1938.11.1 | 大橋図書館, 予約図書閲覧制度開始 |

　昨今は，わからないことがあると，すぐインターネットに書き込んで，情報提供を待つということがよく行われるようだ。たとえば「YAHOO！ 知恵袋」などがそれである。こうしたシステムによる正答率はかなり高いらしい。ところが，かつて帝国図書館に「問答版」という同じような仕掛けがあった。そこからレファレンスサービスが発達していった。昔から物知りはいたし，相談するところもあった。そのようななかで図書館は独自の役割を見出していった。

### (1) レファレンスサービスの開始
　帝国図書館に「問答板」があったことが，1900 (明治33) 年に紹介されている。これは調べたいことがあって，どの本

を見たらよいかわからないときに「出納所」へ行き，質問用紙をもらう。その旨を記し「問答板」に吊り下げておくと，疑問に答えられる者が回答するという仕組みだった（『風俗画報』218号，1900.10）。

東京市立日比谷図書館には，開館当初「処務細則」の出納係の業務に「閲覧ノ案内ニ関スル事項」との定めがある。また，時期は不明だが，日比谷ではかなり早くから一般図書とは別に，主要な参考図書などを普通閲覧室や図書出納室内の書架に排列していた（『東京市立日比谷図書館一覧　自明治42年至明治43年』）。1909年に開館した深川図書館の処務細則にも「閲覧案内ニ関スル事項」がある。

1915年4月，東京市立図書館において組織改革が行われ，運営が組織化された。このとき，同盟貸附が開始された。日比谷図書館から毎日自転車で集配人が各館を回り注文を受け，図書を配達するシステムで，現在の相互貸借にあたる。東京市立図書館は，このサービスのため，市内各館の所蔵状況がわかるよう『市立図書館増加図書目録』（月刊）を作成した。

同じ時期に「図書問答用箋」（「図書問合用箋」とも）を作成，実施している。閲覧者があらかじめ研究事項に関すること，参考書の有無と帯出の可否について往復はがきで問い合わせる。そうすると返信があり，利用者はそれを持参して閲覧できた。

1925年当時の浅草図書館の事務分掌にも，「出納ニ関スル事項」に「閲覧参考事務」が規定された（『市立図書館と其事業』27号，1925.2）。この頃には各館でレファレンスサービスに匹敵するサービスが業務として位置づけられていた。

## (2) 神戸市立図書館のサービス

　1924年11月，神戸市立図書館において，新築3周年記念図書館デーを記念する講演が行われた。このとき館長の伊達友俊（1882-1938）が，「図書館の将来と其使命」について話をするなかで，レファレンスサービスの必要性を説いている。これを機に，同館では「図書相談票」を置くことになった。これも往復はがきで申し込む。形態にしてもそうだが時期的に見ても日比谷図書館に倣ったのではないか。

　ただし，神戸市立図書館では次の5項目について回答すると記す。

1　研究資料の調査希望
2　所蔵図書の有無の問い合わせ（後に参考図書）
3　備え付けを希望する図書
4　何度請求しても貸せない図書の調査
5　その他図書に関する希望・相談

　このうち，日比谷図書館の内容と一致するのは第2点目で，そのほかは，神戸によってはじめられたのかはわからないが，問い合わせに応じるとする内容が拡充している。

　これにつづいて1927年4月，神戸市立図書館の閲覧部に相談係が置かれた。1930年頃，「図書相談票」を「読書相談用箋」に変更している。1940年，専任相談係員が配置されたが，戦争のため専任制は中止となる。

●神戸市立図書館閲覧室

神戸市立図書館に見られるような幅広い案内業務は何に由来するのか。

　なお，伊達は，同館の開館当初から自由に書庫に出入りできることをおもな計画のひとつにあげていた。1912年に金網式書架（半開架式）を出納室と閲覧室内の2か所に設置，参考図書約2,000冊と新着図書を公開している。

## (3)　大橋図書館『トピック』創刊
　次に大橋図書館の業務を見てみよう。1937年9月，大橋図書館は『トピック』を創刊する。発刊の趣旨を坪谷善四郎が説明している。調査や研究をするときにどのような本を見ればよいか，書名ではわからないことが多く，貸出手続きをして出納の後に予想に反することが少なくない。目録にしても然り，容易ではない。そこでこの『トピック』が図書館の蔵書を有効にかつ簡易に利用するための利用案内となる，と。

　誌面は，館の情報，主題別の目録などで構成されているが，目玉は「エコー」と「註文覚書」で，いずれもQ＆A形式である。坪谷が言うのはこのことで，前者は，利用者の図書館利用，資料やサービスなどに関する質問に館側が答えるもの。たとえば，図書を借りるときに何らかの理由で図書がないことがあるので，その理由をわかるようにしてほしいなど。これには「作業審査会で懸案」中で，近く何らかの方法を講ずるなどと回答している（11号，1938.6）。

　後者は，資料に関することで，たとえば飛行機の知識を得たきもの少なからず，よって備え置かれたし，と。これには「御注意多謝。早速新刊棚の一部に約六十冊程『特別紹介航空関係図書』として陳列しました」のように答える。ただ，

ことのほか多いのは,利用者が希望を出した図書が,すでに所蔵されているため,請求記号を回答していることである。別のところでは,目録室には図書館員がいるので聞いてほしい,職員がいないときは,室内に電話を設置してあるので,それを使って問い合わせをしてほしいとしている。

## (4) さまざまな相談への対応

　大橋図書館は関東大震災で全焼し,全館を新築したが,東京市立深川,京橋,駿河台の3館のように開架書架を採用しなかった。そのため依然として書庫出納に頼らざるを得なかった。利用者からの問い合わせのため,図書館では室内電話の利用を促している。それだけ目録検索についての相談が多かったということになろう。

　同館では,1938年11月1日から予約図書閲覧制度を開始している。これが予約の先駆けか。時期的に『トピック』の創刊から約1年後にあたることから,利用者の要求を検討した結果,その対策の必要性から検討されたのではないか。この制度は,図書指定閲覧と用件指定閲覧図書に分かれ,前者は書誌事項がわかっている図書についてあらかじめ閲覧を申し込む方法であり,現在の予約と同じである。後者は調査事項を記入して,関係図書の選択を依頼する方法で,これはレファレンスサービスに相当する。必要事項を「申込票」に記載し,返信料を添えはがきで申し込む。この両者をあわせて予約図書閲覧と呼んでいる。

　これらをすべてレファレンスサービスとひとくくりにすることはできないが,1920年から30年代にかけて,調査と予約などの業務が未分化だったことがうかがえよう。

## 5.2 「開架」の思想

| | |
|---|---|
| 1903.7.6 | 山口県立山口図書館,児童閲覧席で自由開架 |
| 1907.4.- | 山口県立山口図書館,一部自由開架（公開書庫 2,540 冊） |
| 1907.10.- | 京都府立図書館,金網張書架を設置 |
| 1909.1.25 | 東京市立深川図書館,準開架式閲覧 |
| 1913.2.25 | 東京市立麻布図書館,安全開架式閲覧 |
| 1918.5.15 | 田中敬『図書館教育』刊（「開架」の用語を初めて使用） |
| 1922.4.1 | 東京市立京橋図書館,安全開架式（久保七郎による） |
| 1928.9.6 | 東京市立深川図書館,復興開館,安全開架閲覧 |
| 1953.4.16 | （東京）江戸川区立小岩図書館,自由開架 |
| 1962.2.26 | （青森）八戸市立図書館新館落成（全館開架式） |
| 1963.3.- | （東京）大田区立洗足池図書館,自由開架閲覧による閲覧を開始 |

　現在，ほとんどの公共図書館では，書架へ行けば自由に資料を利用することができる開架式閲覧を実施している。ところがかつての図書館では，本は財産にあたるため盗難防止が第一で利用は二の次，との考えが支配的だった。無論，早くから書架は開放すべきだとの考えをもった図書館員はいた。しかし，図書館は近年に至るまで，管理のための図書館であって，利用者のための図書館とは言い難かった。

### (1) 開架式閲覧の系譜

　開架式閲覧を最初に採用したのは，佐野友三郎である。1903 年 7 月，山口県立山口図書館が開館するときに，まず児童席で自由に閲覧できるようにした。1907 年 4 月，普通

閲覧室に 2,540 冊を公開した。ほぼ同じ頃（1907 年 10 月頃まで）に京都府立図書館でも開架が実施されているが，こちらは「鉄網張書架」（半開架式，準開架式）と呼ばれ，利用者が，金網を張った書架の外側から本を指で押し，書庫のなかの図書館員がそれを出納する方法である。これを目録室の新着図書の展示で実施した。

1909 年 9 月，東京市立深川図書館が開館に際し，京都と同じ方式を採用した。京都から何らかの影響を受けたのであろう。その数年後の 1913 年，東京市立麻布図書館で開架を実施しているとの記録がある。これは安全開架式といわれる。安全開架式とは利用者は書庫に出入りできるが，入退庫時に出納台で手続きを必要とする。

2 年後の 1915 年 4 月，東京市立図書館の機構改革が行われる。そこで開架を促進するとの方針が示されるが，このサービスだけはほかのサービスのようには進展していない。開架式閲覧を実施するには，ひとつには建築上の配慮が必要であること，もうひとつは管理上の問題（紛失防止）があり，いずれもが想像以上に高い壁であった。

ここまで開架という用語を使用してきたが，この用語の出所のはじめは，1918 年 5 月に出版された，田中敬『図書館教育』（同文館）で，それまでは公開書架などの用語が用いられている。

### (2) 関東大震災前後の東京市立図書館

東京市立京橋図書館は小学校に附設された図書館であった。1916 年，久保七郎は建設予定の京橋会館内に図書館を置く案を提示，財政上の問題を克服すべく京橋区内有志者に寄付

金を募る。1922年4月，新館での閲覧を開始。蔵書は1万1千冊，安全開架ではあったが，市内では初の本格的な公開書架を実現した。ところが開館1年半後，関東大震災で全焼する。

　震災後に深川，京橋，一橋の3館が再建されるが，基本構想の原案を作成したのは，図書館の震災復興計画担当として，教育局社会教育課に籍を置いていた久保であった。久保が構想の立案にあたり最も心血を注いだのは，自ら所属する京橋図書館の再建であり，その基本となったのは全面開架方式（自由開架式閲覧）の採用だったという。だが，再建構想の提案が認められなかったからか，久保は東京市を退職する。

　1925年，秋岡梧郎が，久保の後継者として京橋図書館の主任（館長に相当）に就任した。復興図書館建設のため深川，京橋，一橋の3館が持ち回りで協議会を開くことになる。ここで問題になったのが閲覧方式であった。秋岡は自由開架式を主張したが，時期尚早とされ折り合わず，安全開架式に落ち着いたという。復興3館はいずれもイギリスの公共図書館を参考にして大規模な安全開架式閲覧を採用した。

　しかし，駿河台図書館（一橋を改称）は1931年から33年の間に開架図書の約2割3,000冊を紛失，開架書架を閉鎖している。開架の遅れの原因は，物品会計規則（1889年6月）の効力にあった。図書館は会計官吏の監督下に置かれ，そのため図書の保管，防止策が最優先で，その上で利用を許す，というのが長年にわたる図書館運営のあり方とされた。

### (3)　戦後の開架式閲覧

　CIE（連合国軍民間情報教育局）の映画「格子なき図書館」

(1950年)は,視聴覚教育や移動図書館などの導入による新しい図書館像を提示した。また,この映画は格子,つまり金網で仕切られた書庫に,利用者を導くためのキャンペーンでもあった。

そのモデルのひとつに選ばれたのが新潟県立図書館であった。1949年10月,同館館長に渡辺正亥(わたなべまさい)(1905-1988)が就任,翌1950年1月に閲覧方式を「自由開架式」に改め,1万2千冊を公開,閲覧を開始した。映画の撮影は4月で,記録上は「自由接架式」(自由開架の別称)であるが(『新潟県立新潟図書館50年史』新潟県立新潟図書館,1965),映像でも『図書館雑誌』(44巻2号,1950.2)に掲載されている図面からも,安全開架式閲覧であることが確認できる。それでも映画では,図書を開放して2か月で閲覧者が以前の2倍となり,積極的な改善と紹介している。これが少なくとも当時の大規模館における最新式の設備であった。

戦後,東京で開架を前進させたのも秋岡梧郎であった。1948年11月,都立深川図書館長のとき,復興開館した閲覧室に6,500冊の蔵書を自由開架で公開した。1950年10月には,戦時中に中止していた公開書架を復活する。その後,江戸川区立小岩図書館,大田区立洗足池図書館が自由開架式閲覧を導入した際に設計に関与している。

それでも開架式閲覧を採用している図書館は,ほんの一部にすぎなかった。1960年の時点で,都内の区立図書館の開架の状況は(閲覧の方法を問わない),30館の平均が30.5％であり,100％は,中央区立月島,大田区立池上,葛飾区立の3館,90％以上は中央区立京橋,江東区立城東,港区立氷川の3館(『日本の図書館 1959』日本図書館協会,1960)で,

ほとんどの館で開架は実現されていなかった。

## (4) 1960年代における飛躍

　1960年5月，青森・八戸市は市立図書館の新築計画に関する研究について，日本図書館協会施設委員会と委託契約を結んだ（委員長は秋岡梧郎）。同館は，書庫を廃し，閉架から自由開架に移行することで図書と利用者をより接近させた。図書の保管ではなく利用本位とし，将来の図書館活動の変化に対応できるよう閲覧と書架のスペースを確保することを基本的な考え方とした。1962年2月に新館が落成した。

　大田区立洗足池図書館は，建築を第1期（1960年）と第2期（1963年）の2期に分けて実施。第2期の時点で大規模な自由開架式閲覧を採用した。1965年当時同館を見学した西川馨は，それまでの建築と一線を画す点を指摘している。第1に大規模な自由開架であること。第2にデスク（カウンター）が書庫の入口ではなく，利用者のスペース（公開書架，閲覧室，レファレンス）の入口に置かれたこと。このことは画期的な変化で，以降の建築がこの方法に拠ったことを示唆している。第3にレファレンスのためのスペースがはっきり設けられていること。ただし，自由開架とはいえ，書庫に利用者が入れるような構造で，現在のように閲覧室に書架が設置されているスタイルではないとしている（『図書館建築発展史』丸善プラネット，2010）。

　戦後の開架の普及は，学校図書館の普及に加え，図書館法の普及などによりサービスのあり方が見直されたことなどによるといわれている。

## 5.3 ビジネス街の図書館

| | |
|---|---|
| 1916.9.20 | 市立名古屋図書館設立 |
| 1922.4.- | 東京市立京橋図書館,京橋会館内に開館 |
| 1922.12.23 | 矢田績,(財)名古屋公衆図書館設立 |
| 1923.9.1 | 関東大震災により多くの館が被災,京橋図書館焼失 |
| 1923.9.5 | (財)名古屋公衆図書館,理事会で館長に田所糧助を指名 |
| 1923.10.1 | 市立名古屋図書館開館 |
| 1925.4.19 | (財)名古屋公衆図書館開館 |
| 1925.11.- | 市立名古屋図書館,読書相談係を置く |
| 1929.4.1 | 東京市立京橋図書館,「京橋実業図書館設立趣意書」作成 |
| 1929.11.1 | 東京市立京橋図書館新築開館,実業図書室設置 |

菅谷明子『未来をつくる図書館：ニューヨークからの報告』(岩波新書, 2003) が発売されると話題になった。この本で語られるビジネス支援図書館が各地で取り組まれるようになったのもこの頃からであった。このサービスを遡ると1920年代に,名古屋と東京で実業図書館と称してビジネス街でサービスを開始した図書館があることに気づく。

### (1) 名古屋公衆図書館の設立

1923 (大正12) 年10月,鶴舞公園内に市立名古屋図書館が開館する。その1年半後の1925年4月に財団法人名古屋公衆図書館が開館している。同館は1939年,名古屋市に移管して市立名古屋公衆図書館,その後,名古屋市栄図書館を

経て，現在の名古屋市西図書館に至る。

　名古屋公衆図書館の設立には，いくつかの注目すべき点がある。第1に市立名古屋図書館に次ぐ，名古屋で2番目の大規模な公共図書館として，その1年半後に開館していること。第2に本邦初の実業図書館としてスタートしたこと。第3には館長に，東京市立図書館員だった田所糧助（18??-19??）が就いたこと。ここではおもに第2点目について検討する。

　同館の創設者は慶應義塾で福沢諭吉に学んだ実業家，矢田績（1860-1940）である。矢田は，1905年から10年間，三井銀行名古屋支店長をつとめ，1915年，東京へ転出したが，1922年に名古屋に戻る。その際に「公衆を相手とする図書館が，今日の時勢から」いっても「名古屋の現状からみても急を要する」と考えて，名古屋公衆図書館の設立を決意する。

　矢田には，市立名古屋図書館が「比較的高尚な図書館」で「学究的の人や学生を相手にする図書館」であるのに対し，名古屋公衆図書館は「一般的読書趣味の普及と常識開発の意味から，今少し通俗的の図書館を設立したいとの考」えが当初あった（名古屋市西図書館所蔵『財団法人名古屋公衆図書館設立概要』［1923］）。

## (2) 実業図書館の誕生

　1910年から20年代のはじめの頃の愛知県庁，名古屋市役所の近く，名古屋駅と千種駅を結ぶ広小路の周辺には，建築家鈴木禎次（1870-1941）が設計した銀行などの建物が立ち並んでいた。名古屋公衆図書館は，鈴木の設計によってその一角に建てられた。

　矢田は，通俗的な利用に加え商業地域の利用を見込んで，

実業図書館をめざしていた。ニューヨーク・パブリック・ライブラリーが目標だったという。1923年9月の理事会で東京市立氷川図書館に勤務したことのある田所糧助に館長の依嘱を決める。田所は，当時矢田が懇意にしていた前の文部次官で貴族院議員の田所美治（よしはる）の弟にあたり，そうしたことから館長を依頼したようだ。

名古屋公衆図書館について，田所は新聞記者の取材に次のように答えている。1924年11月，開館の5か月前の頃は，書籍を購入し整理している時期で，同館の特色を「実業図書館として大名古屋の商工都市に生活する都会人の泉とし最も活用される」と展望する（『名古屋新聞』1924年11月22日）。

1925年4月の開館前日，「こゝでは実業的方面のもの，産業的方面の図書に最も力を入れて，いままで図書館で余り試みられなかつた諸官省，会社，銀行その他の公共団体で発行する報告書，調査書，意見書等をも充分蒐集」している，と（『名古屋新聞』1925年4月18日）。

同日，別の新聞には「読み易い図書1万数千冊……と共に内地は勿論海外の各方面から，植民，産業，貿易に関するパンフレット，調査参考資料二千冊を集め，これがため特に植民産業調査資料室を設け」るとする（『大阪毎日新聞』1925年4月18日）。矢田の言う通俗図書館と実業図書館のいずれをも志向しているようだ。なお，田所は開館4か月後の8月に退職しているが，理由は不明。

## (3) ビジネス街の図書館サービス

名古屋出身の小説家，城山三郎（1927-2007）は，経済小説というジャンルを開拓したことでも知られる。学生時代

(1951年) に公立時代の公衆図書館を利用したこと，この図書館の近くには名古屋で一番の繁華街の栄町があること，また，かつては「公立図書館と違い，経済・産業関係の本が多く，私の父なども若い日から通っていた」(『そうか，もう君はいないのか』新潮社，2008) と回想する。このことからも，創設期の特色を生かした図書館運営がその後もなされていたことがわかる。

市立名古屋図書館は，実業図書館として建てられたわけではないが，商工業に関する相談が多かった。1924年11月，同館は読書相談係を置き，読書相談所を開く。それから10か月間の相談件数は合計2,120件で，そのうちの1位は産業348件，2位は文学337件，3位が総記で174件であった。このうち特許に関する相談件数は，産業の348件中の70件を占めていた。

また，産業の相談が多い理由について，人びとが生活の向上のために図書館を利用していること，もうひとつは名古屋が産業都市であること，と同館では分析している。図書では，銀行会社要録，商工案内，商店経営，広告術に関する資料などが多く利用された。そして，同館の館報には，こうした利用の傾向は，名古屋公衆図書館が商工図書館を標榜しているのと同じだとの見解が示されていた (『市立名古屋図書館々報』37号，1927.1)。

## (4) 京橋図書館の実業図書室

東京はどうであったのか。今沢慈海は，実業図書館が東京市にないのは「不備といふよりも寧ろ恥辱」だと述べている (『市立図書館と其事業』27号，1925.2)。名古屋に先を越された

ことを言っているのであろうか。そのなかで実業図書館は，当時の北米では数年で3倍となり2,500館にものぼることを紹介している。

　関東大震災で被災した図書館は，数年後には復興する。1929年4月，京橋図書館は開館に先立って「京橋実業図書館設立趣意書」（中央区立京橋図書館『京橋図書館資料』）を地域の有志に配り，「書物が金儲けの道具として相当役に立つ」ことから「この道具としての文献を如何に利用すべきかと云ふことを知ることが実業家として成功するに最も有力な資格」となる，と利用を呼びかけた。

　1929年11月，京橋図書館が新築開館したとき，実業図書室を兼ねた参考部が設けられた。『皆様の調査機関　実業図書室案内』には「職業人と図書館」との見出しのもと「我国図書館界が置き忘れて来た重要なる一方面であるが，本館は実業図書室を設けて中，小商工業者の実務上の便益に資している」と記されている。また，「名簿と広告資料」には『日本紳士録』など24種の資料を掲げ，「商報の一部」として『東京株式日報』など38種の業界紙が並ぶ。当室が用意した資料は，新聞・雑誌，商報類が200数十種，関係の参考図書・小冊子が3,000冊に及んだ。

●東京市立京橋図書館実業図書室

## 5.4 戦後レファレンスサービスの開始

| | |
|---|---|
| 1947.6.- | 神戸市立図書館,読書相談所 |
| 1948.5.- | 同館,学生文庫を設置 |
| 1948.7.20 | 同館,読書相談を設けテレフォン・サービスを開始 |
| 1951.8.- | 同館,レファレンス専用電話を設置 |
| 1953.11.26 | 日本図書館協会（JLA）公共図書館部会,全国公共図書館研究集会を開催,テーマはレファレンス |
| 1958.12.3 | JLA 公共図書館部会に参考事務分科会 |
| 1959.12.28 | 「神戸市立図書館相談事務規程」制定 |
| 1959.2.- | （東京）大田区立池上図書館「ダイヤルの中の図書館」 |
| 1961.3.15 | JLA 公共図書館部会参考事務分科会,「参考事務規程」を制定 |
| 1961.3.31 | 東京都立日比谷図書館『イノック・プラット図書館一般参考部スタッフ・マニュアル』発行 |

　近年,「問題解決型の図書館」によって新しいサービスを提供する,ということが言われ,実際にそれを実施する図書館もあらわれている。時代は刻々と変化しているのであり,それ以前とはサービスの質の変化が求められていると言えよう。では,こうしたサービスを実現するためにはどのような環境整備が必要なのか。新しいものに不足しているのは経験である。それを補う意味でも,これまでのサービスの経験と蓄積を見ておいてもよいのではないか。

### (1) 神戸市立図書館の新たなレファレンスサービス

　1947（昭和 22）年 6 月,神戸市立図書館は,学生向き図書

の一部公開とともに1名の係員を配置，読書相談所を発足させる。学生生徒に対する閲覧用目録の検索案内業務が中心だった。翌1948年5月，学生文庫を設置した。

同年7月，同館は，新たに読書相談部を設けテレフォン・サービスを開始する。テレフォン・サービスは，電話連絡による図書の貸出予約に応ずることを主目的とするが，付随的に簡単な調査であれば相談部係員が代行して応えるという内容だった。

1951年の夏，同館館長の志智嘉九郎（しちかくろう）は，「第2回図書館専門職員指導者講習」でF.チェニー（Frances N. Cheney, 1906-1996）のレファレンスサービスについての講義を受け，本格的な業務に着手することを決意する。同年8月，レファレンス専用電話を設置。10月，レファレンスサービスを館の主要施策として相談係の強化をはかった。記録票の整理にも着手し，索引，書誌編成の構想を練る。市民に対しては「古今東西・森羅万象，解らないことは何でも一応図書館へご相談を」と呼びかけた。

ところで，現在ではレファレンスサービスという用語が定着し，図書館によっては利用者に配慮して，適宜，読書相談などという用語を用いているが，この当時は神戸市立図書館も含め，図書館界において明確にこのサービスが明確に定義されていたわけではなかった。そのことを見ておこう。

## (2) レファレンスサービスの普及へ向けて

1951年度に現職の図書館員を対象に，「図書館専門職員養成講習第1回指導者講習会」が開かれた。そのときのテキスト『図書館学講義要綱』によれば，「レファレンス・ワーク」

は「参考事務」と訳され,「図書館利用者が,インフォメーションを求め,または,調査研究のため,図書館資料を利用しようとする場合に,その利用者への援助に直接関係する図書館業務の一部」と定義されていた。

　1953年11月,日本図書館協会(JLA)公共図書館部会・全国公共図書館研究集会(神戸市立図書館で開催)では,そのテーマのひとつにレファレンスがとりあげられた。このとき最初に検討されたのは,レファレンスサービスについての定義であった。3案を協議して「図書館によせられた質問,相談に接し,図書館の資料又は機能を活用してこれにこたえること〔及びこれに付随する業務〕」との一応の結論を得る。

　1958年12月,JLA公共図書館部会に参考事務分科会が設置された。初代会長は志智嘉九郎。翌1959年5月には,全国図書館大会の調査相談部会においてJLAで参考事務規程を作成することが決まった。

　1959年12月「神戸市立図書館相談事務規程」が作成された。1961年3月には,公共図書館部会参考事務分科会によって「参考事務規程」が制定された。この頃のレファレンスサービスの実施状況は,全国の実態調査によれば「実施している」が26%,「不十分ながらやっている」が61%で,開始時期は1950〜53年が多かった(国立国会図書館一般考査部編『レファレンス・ワーク連絡協議会議事録』国立国会図書館,1957)。

### (3)　PRの重要性について

　1959年5月,第45回全国図書館大会が名古屋で開かれた。この問題別部会のなかで「調査相談」が話題に上った。この

とき東京・江東区立深川図書館館長の細谷重義が，大田区立池上図書館ではじめた「ダイヤルの中の図書館」について言及している。池上図書館では，1956年6月の開館当初からレファレンスサービスを実施していて，1959年2月に「ダイヤルの中の図書館」をキャッチフレーズに，電話による読書相談を利用者に呼びかけた。池上図書館は，細谷のかつての上司であった秋岡梧郎が発足にかかわっていたとの経緯もあって，サービスを紹介したのであろう。

　電話でのサービスは神戸こそが先駆者だった。ところがこれに志智が反応を示す。このキャッチコピーについて，神戸市立図書館の館報『書燈』67号（1959.7）の「一筆啓上（4）」でこれをとりあげた。志智はレファレンスサービスのために1949年に「古今東西森羅万象」を唱えたが，古めかしく大衆的でないので何かよい案はないかと考えていたという。公共図書館が最も力を注ぐべきことはレファレンスサービスであり，PRには相当努力が必要だと思うが，そのことについてどう思うかと池上図書館の石橋幸男に聞いている。

　石橋は次のように答えた。図書館活動は常にアクティブでなければならず，利用者に積極的に呼びかけることなく発展は望めない。図書館，そして図書館員に協同的意識が欠如していることも障害になっている。具体的には相互貸借，総合目録（所蔵目録）の作成が重要で，いかなる相談にも応じるべき。「禁止事項についても，図書館を媒体として，しかるべき機関に誘導することは可能」であり，レファレンスのPRは，住民の「知る権利」を保障する，と。

　その後，志智は神戸市立図書館創立50年にあたる1960年頃，「物知り係という仕事？／ダイヤルの中の図書館」とい

うレファレンスサービスを PR するリーフレットを作成・配布している。

### (4) レファレンスサービス実施のための課題

　同じ頃，都内の都区立図書館で参考事務を担当している館員は，レファレンスサービスについて，図書館が相互に協力的な関係をもつまでには至っていないと考えていた。そこで東京都公立図書館長協議会（東公図）内に参考事務に関する連絡会がつくられることになり，1959 年 3 月，東京都公立図書館参考事務連絡会（以下「連絡会」）が発足した。

　連絡会はレファレンスサービスを実施するためには，「実務案内」（マニュアル）作成の必要があるとして，1961 年 3 月『イノック・プラット図書館一般参考部スタッフ・マニュアル』（東京都立日比谷図書館）を分担して翻訳，刊行した。1968 年 7 月には『中小図書館のための基本参考図書』（日本図書館協会）を刊行。また，レファレンスサービスの環境の整備の一環として相互利用のため，1973 年 5 月には，『東京都公立図書館雑誌総合目録稿』（都立中央図書館）を刊行した（後に『東京都区立図書館新聞・雑誌総合目録』『東京都立中央図書館・多摩図書館雑誌新聞目録』と改題）。1978 年度には「都内区市立図書館における参考事務体制確立のための試案」について検討が行われ，ここにはレファレンスサービスを実施するにあたり「事前に考慮すべき事柄」として，①業務内容の明確化，②図書館建築の構造上の問題，③司書職制度の確立，④司書資格者を奉仕部門に配置すること，などの課題があげられている。

## 5.5 レファレンスツールの作成　日本の参考図書

| | |
|---|---|
| 1959.10.3 | アメリカ図書館研究調査団が，アメリカの図書館参考事務の研究集会（～12.4） |
| 1960.4.- | 東京都公立図書館参考事務連絡会，例会で，参考図書解題を決定 |
| 1961.3.- | 国際文化会館内に日本の参考図書編集委員会を設置 |
| 1961.5.- | 東京都公立図書館参考事務連絡会，参考図書解題作業再開 |
| 1962.5.1 | 国際文化会館『日本の参考図書』初版刊 |
| 1965.9.1 | 国際文化会館『日本の参考図書』改訂版刊 |
| 1966.-.- | *Guide to Japanese reference books*（American Library Association） |

　調べものはインターネットで解決できると思っている人はかなり多いのではないか。とは言っても，情報資源（information resources）についての知識をもっている利用者はそう多くはないであろう。そのことだけでも，図書館員が活躍する余地は依然として残されているのではないか。ところが，かつてのように，レファレンスツールは図書館員の誰もが手の届く範囲に整備されているであろうか。前節につづいて，情報提供のための基盤整備がどのように形成されてきたのかを見ておきたい。それは現代の大きな課題でもあると思われる。

### (1) アメリカ図書館研究調査団

　1959年2月にアメリカ図書館研究調査団が結成された。メンバーは，天土春樹（あまつちはるき），後藤純郎（すみお），鈴木平八郎，岩猿敏生（いわさるとしお），

●アメリカ図書館研究調査団

沢本孝久,林政雄,小田泰正(やすまさ),清水正三,福田なをみ(団長)の9名であった。同年10月から12月にかけて,アメリカ図書館協会(ALA)の招聘によってアメリカの図書館参考事務の研究集会(U.S. Field Seminar on Library Reference Services for Japanese Librarians)に参加した。このセミナーは,ロックフェラー財団の財政的な援助のもと,前年から具体化が進められ,帰国後には報告会が開催された。

アメリカ図書館研究調査団の報告書には,「レファレンス・サービスの発達は,参考図書の発達により左右される」ことが記され,ウィンチェル(Winchell, Constance Mabel, 1896-1983)が自らレファレンスツール作成事例に言及,それが *Guide to Reference Books* を生む基礎になったことが報告されている。

福田なをみも「この旅行の主目的はレファレンス・サービスを学ぶこと」だったと述べている。それが目に見えるかたちとなってあらわれたのは,福田らによる『日本の参考図書』の編集であろう。後年,この視察について回顧がなされているが,そのときのメンバーのひとりである後藤は,『日本の参考図書』に取り組むことになったのは,ウィンチェル

に会って Guide to Reference Books 作成の経緯について直に話を聞いた影響だと指摘している(「26年前のアメリカ図書館視察談」『ライブラリアンズフォーラム』2巻2号,1985 Summer)。

## (2) 『日本の参考図書』成立の経緯

ここで,『日本の参考図書』の版の変遷を見ておこう。

1962年5月　初版　日本の参考図書編集委員会編　国際文化会館刊　353p

1965年9月　改訂版　日本図書館協会編・刊(以降の出版も同様)335p

1966年12月　追補リスト '64.9–'66.3　52p

1972年9月　補遺版　379p

1980年1月　解説総覧　907p

2002年9月　第4版　1081p

同書の成立の経過は次のとおり。1961年3月,ロックフェラー財団からの助成により,国際文化会館図書室内に日本の参考図書編集委員会が設置される。編集委員は,小田泰正,北島武彦,河野徳吉,小林胖,庄野新,福田なをみ,藤川正信,森博の8名。このうちアメリカへ研究調査に行ったのは小田と福田の2人であり,同書の作成にあたり,中心になって編集作業を進めたのは福田と森であった。

1962年5月に刊行されているということは,委員会の設置から出版まで1年3か月ということになる。この本の内容を考えたとき,驚異的なスピードと言えるだろう。それを可能にしたのは何か。長澤雅男が『日本の参考図書』の作成経過について述べている。1960年頃から参考図書の解説書の必要性が取りざたされるようになったこと,しかし,波多野

賢一・弥吉光長共編『研究調査参考文献総覧』(朝日書房, 1934) があるものの, その後改訂がされず, そこでウィンチェルの Guide to Reference Books と同じようなガイドを編集する必要があるとして, 同志を募り編集企画したのが国際文化会館の福田なをみであった, と。

『日本の参考図書』には, 国際文化会館常務理事の松本重治による「序」が置かれている。松本は, 参考図書の解説書の必要性について述べたあと,「たまたま昨年初頭にこの事態の解決の必要を痛感した図書館界の有志」によって会合がもたれ, 企画が進んだ経緯を紹介している。また, 100名を超える協力と援助があったことにも言及している。

## (3) レファレンスサービスのための基盤整備

長澤雅男が言うように, 参考図書の解説書の必要性については『日本の参考図書』以外にも動きがあった。前節でふれた東京都公立図書館参考事務連絡会(以下「連絡会」)は, 1960年4月の例会で, 都立日比谷図書館所蔵の参考図書から選択して「解題」することを決めている。

これは日本の参考図書編集委員会が組織されるよりも前のことになるが, 小田と清水は連絡会のメンバーでもあり, アメリカからの帰国後に参考図書の解題を提案しているかもしれない。ところが, これも上に述べたとおり, 急遽スタッフマニュアルを翻訳することになり中断する。翌1961年5月, 再び解題の作業を継続して行うことを決める。

これを中心になって進めていたのが森博だった。森は, マニュアル作成, 参考図書の解題などは, レファレンスサービス実施のための基盤整備と考えていたと思われる。その森に

『日本の参考図書』の編集の話が舞い込んでくる。森を推薦したのが小田泰正だった。小田は，アメリカ図書館研究調査団のメンバーのひとりでもあり，森にとっては大学の先輩にあたる。

### (4) 『日本の参考図書』刊行の意義

　同書は，初版も改訂版も，まったく同じ9人の編集委員がABC順に記されているだけである。ただし，改訂版にはそれとは別に「改訂について」と収録図書の加除，変更などを加えたことが記され，ここには森，福田の2名が表記されている。補訂版には，編集委員会のなかで「森氏を中心に『改訂版』の性格を踏襲する」との企画が長澤雅男によって記されている。また，菅原勲は，『日本の参考図書』に森博がかかわったことを述べている。そこで，100名を超える人びとが分担執筆したことについてもふれ，専門的なところは，他の人に頼んだと思うが，初版の大半は森が原稿を書いたのではないか，としている。

　わが国で出版する本の書名をわざわざ「日本の」としたのは，「ウィンチェル」の「日本語版」を意図したからで，さらにこの日本語版を翻訳してアメリカで刊行しようとの発案が早い時期からあったことによる。改訂版の編集主任に森がなったのは，アメリカで英語版を出版するにあたり，1962年の初版の記録を徹底的に調べ直すとともに解説を書き直すためであったという。ツールの解題はウィンチェルのように，ひとりが中心になって「簡潔で」統一された記述が必要で，そのために，森は国際文化会館に毎日のように通って作業をした，と藤野幸雄は言う。

## 5.6 情報環境の変化への対応

| | |
|---|---|
| 1955.2.15 | 横浜市図書館,情報室を開室,行政資料を置く |
| 1962.11.- | 山口県立山口図書館,地方行政資料収集を開始 |
| 1977.12.1 | (東京)日野市立図書館に市政図書室が開室 |
| 1994.2.17 | (東京)三多摩レファレンス探検隊が発足 |
| 1995.11.23 | アメリカのマイクロソフト社,基本ソフト「Windows95」の日本語版を発売 |
| 1999.5.- | 横浜市図書館,庁内情報拠点化事業開始 |
| 1999.9.1 | 都立中央図書館,行政機関に対するサービス開始 |
| 2000.3.1 | 「東京都立図書館情報サービス規程」施行 |
| 2005.10.- | 鳥取県立図書館で県庁内に職員のための図書室を開室 |
| 2007.4.- | 大阪市立図書館,オンライン商用データベース提供開始 |

　新たなメディアが出現したり,現代のように情報化が著しく進むと,図書館の役割を終えたとする見方があらわれる。ところが図書館は,これまでさまざまな時代の状況に応じた役割を果してきた。たしかに情報環境は大きく変化しているのだが,情報の本質はさほど変わるわけではないこと,また,図書館において方法は異なるにしても,試行錯誤を繰り返してきているということに気づく。

　コンピュータの進化によってかつて図書館員が構想したことが現実化していると考えれば,情報化が進むから図書館が不要になるといったようなことにはならず,考えるべきはいかにしてサービスの基盤を形成するのかということであろう。

## (1) 行政資料・情報サービス

 たとえば行政支援サービスひとつをとっても,歴史をひもとけば,伊東平蔵が「府県図書館は府県行政の参考府たらしめ」るゆえに,府県行政に必要な関係資料を収集することを主要な業務とすべしと提起していることに行き当たる(『図書館雑誌』21 年 11 号,1927.11)。とくに新しいテーマではないことがわかる。戦後から見ておこう。1955 年 2 月,横浜市図書館が情報室を開室し,行政資料を置いている。同年 9 月,山梨県立図書館が県庁から行政資料を移管した。1962 年 11 月には,山口県立山口図書館が,地方行政資料収集を開始,1968 年 7 月,鳥取県立鳥取図書館が行政資料コーナーを設置している。このように 1950 年代後半の頃から,行政資料の収集が注目されてきた。

 1977 年 12 月,東京・日野市立図書館に市政図書室が開室する。市政図書室は,市役所本庁舎に併設され,市行政機構のなかの資料室としての機能をもつ。利用者は市職員が主体だが市民も利用できた。おもな業務は,①地域資料・郷土資料収集保存および提供,②行政資料の収集保存および提供,③市有償刊行物の販売などであった。また,所蔵雑誌の目次を編集して,『市政調査月報』(1975 年 7 月創刊)の発行などを行い,行政関係記事をもとに「新聞記事速報」を作成,庁内配布を行うなどにより,積極的な市政の情報センター機能を有する機関と位置づけられることとなった。

 1980 年代に入ると,地方公共団体が国に先駆けて情報公開の手続きに関する条例を制定した。こうした動きに対し埼玉・北本市(1984 年 4 月)や宮城・気仙沼市(1984 年 6 月)などで行政資料を市立図書館に納本することが制度化された。

## (2) レファレンスサービス研修への取り組み

　レファレンスサービスの活性化をはかるためには、図書館員が自ら課題に向き合い、問題解決力を高めるためにスキルアップする必要が指摘されていた。1992年3月、東京都立多摩図書館が『しらべま専科』を創刊（0号～38号、2002年3月）。その2年後の1994年2月、多摩地域の図書館員有志による「三多摩レファレンス探検隊」が発足する。ここでは、レファレンスサービスのあり方を検討することをおもな目的としながら、自己研鑽、他館の職員との交流を軸に、さらには資料の選択、記録の意義、技術の習得など経験を蓄積し共有することをめざした（現在休会中）。活動時に約3割が地域外から紙上参加していたことも大きな特徴のひとつであった。神奈川や名古屋などがこれにつづいて組織化した活動を開始した。

　1995年1月、『図書館雑誌』で「れふぁれんす三題噺」の連載がはじまった（89巻1号、1995.1）。この連載は、現在も継続していて、館種、図書館の規模を問わず、広範囲なレファレンスサービスの事例を紹介している。質問もさまざまで、また、回答も情報環境の変化を反映し、バラエティに富んでいる。利用者の個別的な情報ニーズに各地の図書館員が奮闘している様子が伝わってくる。

　レファレンス事例の蓄積は、以前から行われていて、1970年代に入った頃には「事例集」を発行する図書館などがあらわれる。その多くは公共図書館であるが、学校図書館、専門図書館といった館種もあり、各地の図書館員で組織する研究会、研修での成果によるものが少なくない。こうした事例の蓄積がデータベース化される際の基礎となった。

## (3) インターネットの普及とレファレンスサービス

　図書館でコンピュータが本格的に導入されたのは，1970年代半ば以降のことである。1995年，アメリカのマイクロソフト社が基本ソフト「Windows95」の日本語版を発売，個人によるインターネット利用増加のきっかけをつくった。21世紀に入り，安価で常時接続が可能なブロードバンド接続が急速に普及して，インターネットの利用人口が急増した。

　情報環境の急速な変化は，図書館の利用にも影響を及ぼしている。これを図書館の態勢と利用の変化について見ておこう。都立図書館は，2000年2月にホームページを開設，3月「都立図書館情報サービス規程」を施行する。翌2001年1月，ホームページに『テーマ別に調べるには』を掲載，4月にはEメール・レファレンスを本格実施した。2002年12月には「都内図書館横断検索システム」が稼働している。

　利用面の変化については，東京・調布市立図書館の調査がある。ここでは概略のみを示すにとどめるが，レファレンス質問の受付件数は2000年度から減少している。一方で予約件数は，2002年度には2000年度の2倍と大幅な伸びを記録した。種類別の件数では「所蔵・所在調査」の割合が減り，「文献調査」の割合が増加している。理由は，インターネット利用人口の増加によって，ウェブ上の書誌・所在情報が充実したことなどが考えられるという（五十嵐花織「調布市立中央図書館におけるレファレンス質問の変化」『現代の図書館』44巻1号，2006.3）。

## (4) 情報サービスの時代へ

　1993年6月，千葉・浦安市立中央図書館がレファレンス

サービスとは別に「本の案内」コーナーを開設した。1999年5月，横浜市図書館が庁内情報拠点化事業を実施，同年9月には都立中央図書館が行政機関に対するサービスを開始した。

　2001年以降の新たなサービスの動向をあげておく。2002年6月，北海道の北広島市図書館がSDI（Selective Dissemination of Information：選択的情報提供サービス）モニター事業を開始した。公共図書館では珍しい試みと言えよう。2006年9月，名称を新着情報サービスと変更，わかりやすい運用をめざす。

　2005年10月，鳥取県立図書館で県庁内に職員のための図書室を開設，サービスが開始されている。これが組織的なサービス計画に拠っていることが政策方針によって理解できる。2006年3月，同館は「鳥取県立図書館の目指す図書館像」を策定，そこでは「知の地域づくり」を進めるための六つの柱を立て，これらを実現するとの目標を掲げる。翌2007年8月，「鳥取県立図書館の目指す図書館像アクションプラン」を作成した。

　同じ年には，東京・立川市中央図書館が庁内レファレンスサービスについて文書配布や調査を図書館に依頼するための用紙「調べてください」を配布，サービスをPRしている。

　大阪市立図書館では，2007年度に「いつでも・どこでも・だれもが課題解決に必要な情報にアクセス可能な，創造都市の知識・情報基盤」となるような未来志向の図書館を目標とする「知識創造型図書館改革プロジェクト」を実施，4月からオンライン商用データベース提供を開始，活用に取り組んだ。2011年度の利用件数は11万7千件。また，調査相談件数は，中央図書館で21万2千件，地域図書館で42万5千件を記録している。

## 参考文献

5.1
- 『神戸市立図書館四十年史』神戸市立図書館　1950
- 『神戸市立図書館 60 年史』神戸市立図書館　1971

5.2
- 八戸市立図書館百年史編集委員会編『八戸市立図書館百年史』八戸市立図書館　1974
- 秋岡梧郎著作集刊行会編『秋岡梧郎著作集：図書館理念と実践の軌跡』日本図書館協会　1988

5.3
- 矢田績述『熱中冷語』名古屋公衆図書館　1927
- 矢田績『懐旧瑣談』名古屋公衆図書館　1937
- 『西図書館 50 年誌』名古屋市西図書館　1975

5.4
- 薬袋秀樹「志智嘉九郎『レファレンス・ワーク』の意義」三浦逸雄・朝比奈大作編『現代レファレンス・サービスの諸相』日外アソシエーツ　1993
- 日本図書館協会公共図書館部会編『全国公共図書館研究集会報告 1953』日本図書館協会　1954
- 日本図書館協会，昭和 26 年度図書館専門職員養成講習第 1 回指導者講習会編『図書館学講義要綱　昭和 26 年度』図書館専門職員養成講習第一回指導者講習会　1951

5.5
- アメリカ図書館研究調査団編『アメリカの図書館』アメリカ図書館研究調査団　1960
- 小出いずみ「福田直美とアメリカ図書館研究調査団」今まど子・

高山正也編著，小出いずみ［ほか著］『現代日本の図書館構想：戦後改革とその展開』勉誠出版　2013
- 長沢雅男「『日本の参考図書』：初版から『解説総覧』まで」『書誌索引展望』4巻3号　1980.8
- 菅原勲「『日本の参考図書』誕生への軌跡：森博氏の関わり」岩淵泰郎教授古稀記念論集刊行委員会編『白山図書館学研究：岩淵泰郎教授古稀記念論集』緑蔭書房　2002
- 藤野幸雄『資料・図書館・図書館員：30篇のエッセイ』日外アソシエーツ　1994（日外教養選書）

## 5.6

- 池谷岩夫「日野市立図書館市政図書室の活動」『図書館雑誌』74巻3号　1980.3
- 『公立図書館におけるレファレンスサービスの実態に関する研究報告書　2004年度』全国公共図書館協議会　2005
- 『公立図書館におけるレファレンスサービスに関する報告書2005年度』全国公共図書館協議会　2006
- 斎藤文男「レファレンス事例による研鑽と経験の蓄積・共有化：三多摩レファレンス探検隊の活動とその意義」『情報の科学と技術』49巻4号　1999.4

# 6章 市民参加への道

【現代からの視点】

　文庫をつくり，図書館を地域につくる運動をしてきた母親たちは，素人は口出しするなとか，専門家に任せておけとか，女なんかに何がわかるのか，などのことばを浴びせられたという。それが市民の読書環境の改善などの提案に対する行政のかつての対応だった。

　市民の図書館に対する要求を，市民のエゴととらえるのか，あるいは市民からの提言ととらえるのか。どちらになるのであろう。住民参加に対する行政の強い拒否反応は，現在もあるのだろうか。

　現在は，いくら何でも昔のようなことはないのではないか。とは言え，市民参加を歓迎するような自治体は多くはないのかもしれない。以前のようなあからさまな態度はとらないにしても，相変わらず煙幕を張ったりしているのではないか。もしそうではなく，市民と行政の協働を謳う自治体がたくさんあらわれているとすれば，それは市民がめざましい成果をあげたことによるのではないか。

　この本でたびたび登場する森博（当時，大田区立洗足池図書館長）は，『中小都市における公共図書館の運営』（「中小レポート」）普及のための全国図書館大会のシンポジウムで「その地域社会がなにを要求するかによって，それぞれの図書館の任務がきまるものと思」う（『図書館雑誌』58巻5号，1964.5）と発言した。「中小レポート」作成のために，地域の調査を徹底的に行ったことはよく知られている。森の表現を借りれば，地域に生活する市民の声は，そのすべてではないにしても，地域社会の要求と言えるのではないか。

## 6.1 『子どもの図書館』とその時代

| | |
|---|---|
| 1951.-.- | （東京）村岡花子，みちを文庫ライブラリー開設 |
| 1956.4.10 | （東京）土屋滋子，土屋児童文庫を開設 |
| 1957.8.- | 家庭文庫研究会設立 |
| 1958.3.1 | （東京）石井桃子，かつら文庫を開設 |
| 1958.9.- | 家庭文庫研究会，文庫への本の貸出を開始 |
| 1958.-.- | 児童室を有する公共図書館213館（全体の30％） |
| 1965.5.20 | 石井桃子『子どもの図書館』（岩波書店）刊 |
| 1965.-.- | 家庭文庫研究会，児図研に合流 |
| 1974.1.31 | （財）東京子ども図書館設立 |
| 1975.-.- | 児童室を有する公共図書館635館，1958年の3倍に |

　第二次世界大戦の敗戦から20年，もうこの国にも子どもの図書館が整備されてしかるべきとの思いから，おそらく石井桃子『子どもの図書館』（岩波書店，1965）は書かれた。ところがこの本は，予想外の展開を見せた。石井の思惑を越えて，母親たちが文庫をはじめるきっかけをつくることになる。文庫を維持することのむずかしさや問題点は，石井らによって指摘されたが，母親たちの勢いは止まらなかった。

### (1) 家庭文庫研究会の活動

　村岡花子（1893-1968）は，1926年にわが子を失い，日本中の子どもたちのために上質の家庭小説を翻訳しようと決意，1952年にモンゴメリの『赤毛のアン』（三笠書房）を翻訳，出版する。その前年の1951年，村岡は，亡き息子道雄の蔵書をもとに，「みちを文庫ライブラリー」を開いた。このと

き，近所に住んでいて慶應義塾大学の図書館学科第1期生になったばかりの渡辺茂男（1928-2006）は，村岡から文庫を手伝うよう声をかけられ，蔵書の整理や貸出の準備などをしたという。

1957年に，村岡や前年に自宅に土屋児童文庫を開いた土屋滋子，福田なをみ，浮田恭子，石井桃子が「家庭文庫研究会」を発足させる。この研究会の目的のひとつが，文庫をつくろうとする母親たちへの援助であった。翌1958年9月，「1冊も本がないけれど」文庫をはじめたい人たちに向けて，小学生から中学生まで，学年に合わせて編成した本約100冊程度をセットにして，3か月単位で貸出を開始した。

研究会では，文庫を運営するための相談も受けた。また，会報の発行，会員の調査，児童図書館の見学やメンバーの懇談会も開催した。懇談会には図書館員とともに福音館書店編集部から松居直が参加していた。

村岡は，子どもの読書とともに母親の読書にも関心があったという。それは「本を読む子どもには，ちゃんと本を読むお母さんがついている」（『家庭文庫研究会会報』3号，1958.3）ことを発見したからで，母親の読書くらいむずかしいものはないかもしれないとも述べていた。研究会は，1965年に児童図書館研究会に合流するまでつづけられた。

## (2) 『子どもの図書館』の刊行

当時の子どもの読書環境はどうだったのか。公立図書館で児童室をもっている館は，1958年のときでもわずか213館にすぎず，全体の30％に満たなかった。1960年代に入っても児童サービスに対する認識はそう大きくは変化していない。

公立図書館が整備されていない状況下での、子どもたちの図書館といえば貸本屋であった。子どもたちは町の貸本屋で読書欲を満たしていた。

この頃、石井桃子は『子どもの読書の導き方』（国土社，1960）を

●石井桃子とかつら文庫

出版している。これは子どもの問題を扱ったシリーズの一冊で、テレビやラジオが発達したことから子どもが本を読まなくなったこと、とくにマンガの影響が深刻で、子どものための図書館が不十分である上に学校図書館では貸出をしていないところが少なくないことなどをとりあげている。石井には子どもの読書環境に対する危機感があった。

1958年3月、石井は、自宅に「かつら文庫」を開いた。そこでの文庫活動をもとにして書いたのが『子どもの図書館』（岩波書店，1965）である。この本で、石井は、文庫をつくった動機を次のように述べる。欧米には児童図書館が創作活動を推進し、出版事業を支えている。その本が子どもの手に届けられる仕組みがある。これに対し、日本にはそれがない。そこで、本に対して子どもがどのような反応を示すのか、石井自身が体得する場がほしかった。要は創作のための手段であった、と。

そして、石井は、同書の最後の章に、個人で運営される児童図書館には限界があるとして、安定した運営基盤をもつ公

立図書館の児童室を充実させることこそが課題だとして，「ポストの数ほど図書館を」とのメッセージを記した。

## (3) 文庫の限界を越えて

　地域に図書館がなかったり，あったとしても十分な児童サービスが受けられない地域の母親たちは，自宅を開放して子どもたちに文庫を開いた。すると少ない本を求めて，子どもたちが文庫に押し寄せた。

　1960年代のはじめ，『子どもの図書館』が世に出る前のこと，家庭文庫研究会の間崎ルリ子は，家庭文庫は財源や奉仕が個人に依存すること，専門的な知識の欠如などから将来的にはその土地の公共図書館の一部として吸収発展することが理想ではないかと述べていた（『年鑑こどもの図書館　1963』日本図書館協会，1964）。また，東京子ども図書館を設立（1974年）する理由のひとつに，家庭文庫を個人で運営する困難さがあったことが設立趣意書に記されている。

　『子どもの図書館』に影響を受け，文庫をつくること，そしてそれを維持することからくる母親たちの過重な負担を，最も深刻に受け止めていたのは石井だった。同書が品切れになっていた1977年当時，石井が版元に絶版を申し入れていたということが，後年明らかになる（清水達郎『親子読書運動：その理念とあゆみ』国土社，1987）。石井の本を読んで文庫をはじめる母親たちは後を絶たず，要望も多かったため，石井は「書きなおそうと考えたが」とのひと言を添えて増刷に踏み切った（「14刷の刊行にあたって」『子どもの図書館』1979.4）。

　それでも文庫は各地に広がり，1970年代から80年代にかけて急増する（『子どもの豊かさを求めて：全国子ども文庫調査

報告書3』日本図書館協会, 1995)。

## (4) 『子どもの図書館』の影響

　『子どもの図書館』の母親たちへの影響については, これを新編として『石井桃子集』(岩波書店, 1999) に収録したとき, 松岡享子が「解説 『子どもの図書館』の驚くべき浸透力」で次のように述べている。この本は, とくに文庫や図書館で働く者たちにとっての基本的な考え方を, きわめて短いことばではあるが, きちんと用意してくれている。だから, 子どもの本の世界で働く人の「火つけ役だったばかりでなく, 支え手でもあった」と。

　石井に導かれて, 文庫を開いた母親たちはどのくらいいるのだろうか。ほんの数例だが見ておこう。1969年6月, 東京・練馬区に「ねりま地域文庫読書サークル連絡会」ができる。この連絡会発足の中心となり, 長く代表をつとめた阿部雪枝は, 『子どもの図書館』の「いまこそ, 日本でも, 私たち——子どもと読書に関心をもつすべての人——が, 手をとりあって歩き出す時が来たようです」とのことばに触発されて文庫活動をはじめた。北海道・室蘭の木下揚三は, 高度経済成長政策によって「失われた子どもの世界」を取り戻す責任があると考え, 彼の妻は『子どもの図書館』を読んで「私の夢が実現しそうだ」と思い, 夫婦で「鉄ン子文庫」をはじめた (木下揚三『《子どもたち》は今：鉄ン子文庫二十五年の歩みを通して』著者刊, 1997)。斎藤尚吾 (1914-2001) もまた『子どもの図書館』を読んだ感動を忘れることができないひとりであった。

## 6.2 図書館づくりへの道

| | |
|---|---|
| 1961.12.- | (東京) 町田市青少年読書普及会が発足 |
| 1963.-.- | 町田市立図書館,地域文庫に団体貸出開始 |
| 1966.-.- | 町田市立図書館,地域文庫用図書購入費予算化 |
| 1967.8.15 | (東京・東村山市) くめがわ電車図書館開館 |
| 1970.7.6 | (大阪) 松原市に中川徳子,雨の日文庫開設 |
| 1970.11.- | くめがわ電車図書館,「東村山市立図書館設置に関する請願」を提出,市議会採択 |
| 1972.8.1 | 東村山市立図書館,専門委員制度を設置 |
| 1974.4.1 | 「東村山市立図書館設置条例」(利用者の個人情報の保護など) 施行 |
| 1980.7.5 | 松原市民図書館開館 |

　地域に文庫があってもそれを大きく成長させるためには,個人の力では限界がある。とは言え公的な援助を受けるか,文庫を組織化して行政を動かすには要求をまとめたり,活動を組織したりして運動化する必要がある。

　図書館の援助なくして,文庫の安定した運営は困難であり,一方の図書館にとっては,文庫に対し貸出などの支援をすることに対する理解がなければならない。これらを当然の責務と考え,その運動をリードしたのが浪江虔(1910-1999)だった。久保七郎は,多摩地域に自動車図書館 (BM) を走らせ,利用者の要求を掘り起こした。

### (1) 浪江虔の図書館思想

　住民が図書館をつくるには,賛同者を募り,議会に請願す

るなどの方法がある。ところがこうした活動は戦後まで，否，戦後に入ってもしばらくはごく例外的にしか行われてこなかった。しかし，母親たちの文庫活動のなかから，市に対して文庫の本に対する補助や団体貸出を求めたり，自動車文庫の駐車場を設置するよう要望する動きが各地に起こった。東京都町田市は先進的な取り組みをした地域であり，浪江虔は，運動を先導していたことでも知られている。

　浪江について簡単にふれておこう。浪江は，1930年代に農民運動をはじめるが，非合法の活動と見なされ1933年に検挙される。その後1939年9月，鶴川村（現・東京都町田市）で，私立南多摩農村図書館を開館する。農民の生活に読書を浸透させることによって人を結集させ，それを「よみ仲間」とする地域文庫づくりを提唱した。

　1950年，図書館法が制定される。浪江は，戦後の民主主義を「配給された民主主義」とみなし，真の意味で民主主義はまだわが国には根づいていないとした。敗戦によって変化したのは社会状況であり，依然人びとには主権者としての自覚が乏しく，国民性までが敗戦を境に一変したのではない，と考えていた。

　図書館にしても然り。民主主義と同じく，図書館も住民の要求によってつくられる必要があること，そして，住民の要求に対する図書館の責任が明確化されていることが，これからの図書館のあるべき姿だというのであった。

## (2) 地域文庫へ補助を

　町田市立図書館が地域の文庫に対して，大量の貸出を行い，これを支えることによって，町田の地域文庫づくりは活性化

していった。文庫活動が軌道に乗るまでを見ておこう。

1960年10月,八町南青少年読書普及会が組織される。都立八王子図書館のBM「むらさき号」の巡回地域である八王子,町田両市と南多摩郡に「青少年に対してよりよい読書環境を整備」するために結成された。

1961年12月,町田市青少年読書普及会(以下「普及会」)が発足。

1963年11月,浪江が,町田市の普及会で「地域文庫」づくりを提案。提案の趣旨は,地域住民が文庫をつくり要求を作り上げ,一方の図書館が地域住民に情報を提供する機能があることを認識することにあった。

1964年,同じく普及会で,「地域文庫設置」を呼びかける。

1966年度,町田市立図書館,「地域文庫用図書購入費」として30万円計上。

1966年,普及会は「地域文庫への図書貸出しの大幅増加に関する請願」を市議会に提出,採択される。これによって,町田市立図書館が文庫に貸出を開始することになった。

### (3) 多摩地域における図書館運動の源流

文庫に対し補助を求める運動のスタートがBMの巡回地域だったことは,単なる偶然ではない。1960年代のはじめの頃,多摩地域の市町村における公立図書館は,市では武蔵野,府中,町田,町では奥多摩町だけで,それ以外の地域にはBM「むらさき号」が巡回していた。

1946年12月,都立青梅図書館ができる。館長は久保七郎。戦前の久保についてはすでに4.3などでふれた。1949年7月,久保が主唱して学校図書館,公立図書館,社会教育関係者な

どで西多摩読書施設協同組合を結成する。同年10月にはやはり久保の発案により「読者と青梅図書館の会」が組織される。利用者を募り（会費300円），同年12月，この会が青梅訪問図書館をはじめた。リヤカーを改造して，300冊の本を積み会員の自宅を巡回するもので，これも久保が考案した（図書館法公布後に解散）。

その後，地域住民などが請願によって，1953年6月，多摩地域にBM「むらさき号」を走らせる。1957年11月に2号車，1958年10月に3号車を設置，三多摩一郡一車態勢が整った。1963年度には201か所に駐車場を置く。久保は，住民を組織，配本所を商店にするなど住民の生活圏に図書を運び，すべての市町村に図書館を置くことを最終の目的としていた。

(4) 文庫から図書館づくりへ

文庫から図書館づくりを実現させたことについては数多く紹介されている。ここでは少しだけ見ておこう。東京・東村山市では，1967年8月，「くめがわ電車図書館」が廃車車両を譲り受けて，団地内に開設された。同年，電車図書館運営の助成を市議会に請願するが不採択となる。請願を繰り返し1970年に採択。この年5月，東村山市地域図書館補助金交付規程が制定される。11月，くめがわ電車図書館が，東村山市立図書館の設置を市議会に請願，採択される。1972年には市民7名を含む12人の委員からなる専門委員会が設置された。

1974年4月，東村山市立図書館設置条例が制定された。館長は司書有資格者であること（第4条），「図書館は，資料

の提供活動を通じて知り得た利用者の個人的な秘密を漏らしてはならない」と利用者のプライバシーの保護（第6条），東村山市内で地域図書館活動を行う者に対し援助する（第7条）ことなどが条例化された。これらが住民の強い要望で実現したことは画期的であった。

関西では，1970年7月，中川徳子(とくこ)が大阪・松原市の自宅に「雨の日文庫」を開く。中川は，しばらくは子どもたちのために大阪府立図書館の自動車図書館を利用していたが，文庫を開設した翌年から市に対して運動を開始する。1972年4月,「松原子ども文庫連絡会」を結成。1973年6月，同年度予算が市議会で可決，11月松原市自動車図書館運営と将来計画委員会が発足する。翌1974年4月，自動車図書館が12駐車場でスタートする。1977年4月，松原市図書館条例により，松原市民図書館が発足し，その3年後の1980年7月，松原市民松原図書館が開館した。

同館は開館の前年の5月に「図書館の自由に関する宣言」が改訂されたことを受け，開館時から1979年改訂宣言のポスターを玄関ホールに掲げ,「図書館管理運営規則」（第22条）にも利用者のプライバシーの保護について規定した。

東村山市，松原市は文庫活動を起点に図書館づくり運動を成功させた図書館として知られるが，それだけでなく，市民にとって図書館とはいかなる存在か，質の高いサービスとは何かを市民の立場から問題提起したことに大きな意義があった。

## 6.3 親子読書と文庫と

| | |
|---|---|
| 1960.5.1 | 鹿児島県立図書館,「母と子の 20 分間読書運動」(親子 20 分読書運動) 開始 |
| 1962.-.- | 斎藤尚吾, 小学校教師在任中に親子読書会をつくる |
| 1965.11.13 | 第 1 回親子読書研究集会開催 |
| 1967.4.16 | 日本親子読書センター設立 |
| 1967.10.7 | 日本子どもの本研究会発足 |
| 1968.9.22 | 科学読物を読む会(後に科学読物研究会)発足 |
| 1969.4.- | 福音館書店『かがくのとも』創刊 |
| 1969.6.5 | (東京・練馬区)「ねりま・地域文庫読書サークル連絡会」発足 |
| 1970.4.12 | 親子読書・地域文庫全国連絡会(親地連)発足 |

　石井桃子が，母親たちの過重な負担を考え，文庫づくりを抑制したかったのに反し，母親たちは地域に文庫をつくり，そこを学習の拠点にしていった。文庫活動に大きな影響を及ぼしたのが親子読書運動だった。親子読書は，読書による親子の関係づくりを狙いとしたが，文庫は，母親たちを地域の子どもたちとの関係づくりへと向かわせる機会をもたらした。

### (1) 親子読書の組織化

　1960 年代の後半には，市民が主体となった読書運動や子どもの読みものに関するいくつかの団体が生まれている。代表的なものを以下に記す。

　1967 年 4 月　日本親子読書センター
　1967 年 10 月　日本子どもの本研究会

1968 年 9 月　科学読物を読む会

1970 年 4 月　親子読書・地域文庫全国連絡会（親地連）

　このうち日本子どもの本研究会は，文部省の読書教育に批判的な教育現場の有志によって設立された。児童文学作家，絵本作家が多く加わっている。会の設立にかかわったひとりである代田 昇(しろた のぼる)は，当時の読書運動について多様性を指摘しながら，市民運動，文化教育運動として位置づけている（日本子どもの本研究会編『子どもの本と読書運動』童心社，1971）。同会は『子どもの本棚』を発行している。

　科学読物を読む会（後に科学読物研究会）は，「子どものために書かれた科学の本を読み，その普及につなげること」を目的に設立された。初期の参加者には，本の書き手，地域文庫の母親や教師，編集者が含まれていた。1969 年 4 月，福音館書店が『かがくのとも』を創刊する。公害の問題が顕在化するのもこの時期である。

　親地連は，「親子読書」を会名にしているだけあって，親子による読書への関心が高いことがうかがえる。同会発足の記念講演に久保田彦穂(くぼた ひこほ)（椋鳩十(むくはとじゅう)）を迎えている。1971 年 8 月には『親子読書』を創刊した（後に『子どもと読書』）。

## (2) 文庫の組織化　日本親子読書センター

　1967 年 4 月，斎藤尚吾は日本親子読書センターを設立する。これには前史があって，1962 年に斎藤は，現役の小学校教師時代に親子読書をはじめている。その頃について，渋谷清視(きよみ)は，鹿児島県立図書館における椋鳩十の方式が，公共図書館関係者など社会教育関係者らの指導によるのに対して，斎藤のそれを斎藤方式と名づけ，学校教育（教師）の積極的で

強力な関与が見られることなどから，文学的な読書傾向や読書指導性が強いことを指摘している（『親子読書運動』42号，1983.7）。当初はそうであったのかもしれない。そうすると斎藤自身がどこかの時点で変化したということになるのだが，ここではこれ以上言及しない。

1965年，第1回親子読書研究集会が開催された。このとき主催したのは日本文学教育連盟（文協連）で，場所は練馬区北町小学校，斎藤はこのときもまだ現役の小学校教師だった。斎藤は1967年に教師を辞めて，日本親子読書センターを設立する。センターが主催する研究集会には，子どもの読書に関心をもつ教師や図書館員が集まった。そのなかで多くを占めたのは，全国で文庫活動をしていた母親たちで，多いときは7割を占めた。

たとえば1973年の参加者は，地区別では，多摩地区が最も多く，道府県の参加者は東京の区部の2倍で，北海道，九州からの参加もあった。1970年代の後半「図書館づくり運動」の分科会では，各地から約200名の参加があり，東京都と近県のほかに仙台，郡山，山梨，名古屋，大阪からの参加があり，当時の主要な活動状況が報告されている。地域での経験を共有し，学習しそれを実践に生かす取り組みが各地に生まれ，育っていった。

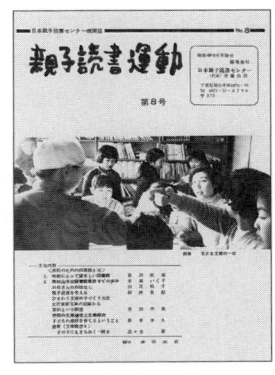

● 『親子読書運動』

## (3) 親子読書の発展性

「3.5 母と子への読書支援」で椋の「親子 20 分間読書運動」にふれた。この運動は「親も子も読書の習慣を体得」するとの趣旨で開始され，母親は子どもの読書を援助する役割にとどまっていたことを見た。

斎藤もまた「母と子の 20 分間読書運動」に刺激されて運動をはじめたひとりであったと話しているが（『こどもの図書館』14 巻 4 号，1967.5），彼はこの運動をそのまま受け継いだのではなかった。斎藤はこの運動に学びつつ，母親が主体的に学ぶことの大切さを説いている。

斎藤に触発された母親たちは，親子読書に新たな面を見出してゆく。ひとつは，子どもの読書を契機として，母親が子どもの本に接し，それを自身の読書体験とし，そこから子どもの読書への関心を高めること。もうひとつは，親子の「子」には自分の子だけではなく，他人の子が含まれること，文庫を起点として地域活動へと活動の幅を広げることである。

このように親子読書は，椋の手から離れ，渋谷の指摘とはむしろ別の方向へと新たな道を切り開いていった。椋による読書運動が，図書館づくりへの発展性を発揮できなかったのに対して，斎藤のそれは文庫活動のなかで取り組まれ，母親たちは図書館づくり運動を展望することになる。

## (4) ポストの数ほど「文庫」を

では，日本親子読書センターが運動としてめざしたものは何だったのか。斎藤尚吾は，親子読書は個別的な営みであって，センターの活動は「これに教育運動としての形態を与え」ることだという。つまり親子読書の社会化というような

ことであろうか。だから「ポストの数ほど図書館」ではなく「ポストの数ほど文庫を」(『親子読書運動』10号, 1974.10) ということになる。

　もう少し見ておこう。斎藤は,「住民参加の図書館建設運動をすすめることを通して……さらに質の高い市民文化活動に取り組む」ことこそが大切なことなのだとも言う。ここでは図書館づくりは手段と位置づけられていて, 目的には掲げられてはいない。文庫そのものが市民による文化活動であり, 市民による主体的な学習活動が重要視される。

　斎藤の影響を受けた人物に阿部雪枝がいる。阿部は, 1966年, 石井桃子の講演を聞き, 日本親子読書センターを立ち上げた直後の斎藤と出会い, 文庫づくりに踏み切る。文庫への助成, 図書館の設置, 充実を実現するための運動にかかわるようになる。図書館員の専門性を行政に求め, 図書館員との交流をはかった。

　そして, 阿部は, 文庫を運営する仲間との理解を共有するために運動を組織化する必要を感じ, 1969年6月,「ねりま地域文庫読書サークル連絡会」を発足させる。この連絡会は, 図書館充実運動と文庫の交流, 学習活動という2本の柱をもって組織されることとなり, 地域における文庫活動の組織化を促進するきっかけとなる。文庫を組織化し, 運動の起点にする動きは, これを機に全国に波及することになる。

## 6.4 文庫の社会的役割

| | |
|---|---|
| 1951.-.- | (東京) 村岡花子, みちを文庫ライブラリー開設 |
| 1957.8.- | 家庭文庫研究会設立 |
| 1958.-.- | この年, 子ども文庫 46 か所 |
| 1965.5.20 | 石井桃子『子どもの図書館』刊 |
| 1969.-.- | この年, 子ども文庫 160 か所 |
| 1970.-.- | この年, 子ども文庫 265 か所 |
| 1974.1.31 | (財) 東京子ども図書館設立 |
| 1974.-.- | この年, 子ども文庫 2,064 か所 |
| 1981.-.- | 全国の文庫約 4,500 か所 |

ここまで文庫活動について, やがては図書館づくり運動へと発展するとの文脈で述べてきたが, それを自明の理としてよいのだろうか。ここでは文庫は文庫として活動する意義があるのではないか, ということを視野に入れて考えてみたい。

### (1) 文庫が継続する理由

文庫は, 1950 年代の後半から母親などによってつくられた。1960 年代の後半から増加し, 1970 年代の約 10 年間に数多くの文庫が誕生した。日本図書館協会 (JLA) の全国調査によれば, 1981 年には約 4,500 に達したが, 10 年後の 1993 年には約 4,000 とやや減少した。近年では文庫を運営する人たちの高齢化が進み, 世代交代がむずかしいなどの声が聞かれる。

1981 年の調査のときに, JLA では文庫が息の長い活動をつづけている理由を分析している。第 1 に石井桃子『子どもの図書館』が刊行されたこと, 第 2 に文庫の人たちの横のつ

ながりができるようになったこと，第3に同じ頃図書館界でも発想の転換が行われ，住民，ことに子どもに対するサービスが重視され，文庫への団体貸出も行われるようになったこと，第4に昭和40年代から50年代（1965年から1975年頃）に至る社会の変化と個人の考え方の問題があった，とする。そして，文庫の設立年を年代ごとに比較して，1970年以前に設置された地域では，都市部に多いことを明らかにしている。上記の理由の第4は具体的にどういうことなのか，次にそのことを見ておこう。

## (2) 文庫をはじめた動機

　この時期の母親たちには，高度経済成長の陰で悪化する子どもたちの読書環境を変えたいという，共通の思いがあった。これが図書館づくりの動機のすべてだったかどうかは別にして，文庫活動へ向かう第一歩となったことは確かであろう。ただし，これだけでは文庫でなければならない理由にはならない。文庫活動をはじめた動機は，一概に類型化するのはむずかしいが，ある特徴を見出すことはできるようだ。

　東京・三鷹市に「大沢家庭文庫」を開いた栗山規子は，1965年頃の『婦人之友』で文庫をしている人たちの座談会の記事を読み，何らかのかたちで社会につながっていたいと思い文庫をはじめる。本を読むこと，自分の頭で考えることが民主主義の土台となり，文庫は分かちあう関係をつくるところだということに気づく（『親子読書つうしん』27号，2000夏）。「雨の日文庫」の中川徳子は，子どもの本を読みたいと思い，その本を手に入れるために運動する。そのなかで「精神的自立」を得ていったという。また，仙台市に「のぞみ文

庫」の川端英子もきっかけは自分の子どものため。やがて子どもの本の素晴らしさにとらえられ，文庫をはじめる。図書館運動に関心をもち，さまざまな活動に参加するなかで「精神的自立」ができたという（『親子読書運動』57号，1987.7）。

　ここでは数人の回想をあげるだけにとどめるが，母親たちは文庫活動をとおして精神的自立，社会とのつながりが得られたことをあげている，これらは文庫活動に固有の意義のひとつに数えてもよいのではないか。もう少し詳しく見よう。

### (3) 文庫の意義

　母親たちは，緩やかなネットワークをつくり，自ら学習し，市民に知的自由が保障されなければならないこと，それが住民の権利だということを学んでいく。女性たちにとって，図書館との出会いは，社会へと開かれた扉を意味した。

　ただし，それらは文庫活動のすべてではない。文庫は，規模はともかく数の上では一時期は公共図書館を大幅に上回っていた。文庫の担い手は，自らの施設を提供し，自己資金で本を集め，これに労力，知力を費やす。そこに地域の子どもたちを受け入れることは，一定の役割が期待されるとともに社会的な責任を負うことを意味する。

　くめがわ電車図書館の川島恭子は，早くから文庫活動による図書館づくり運動は，結果にすぎず，文庫本来の目的は別にあるとの自覚に立ち，より高い意識で「運動に加わらない人」の存在を指摘していた。ここから文庫活動が図書館運動と必ずしも連動するものではなく，文庫を運営すること自体に固有性が認められることについて理解を共有したいとの思いが感じられる。

また，竹内悊(さとる)は，文庫は図書館で終わるものではなく「もっと先の方を見ている」とし，文庫活動が「一つの民主主義の定着の指標」となると述べている。

　文庫活動は，これまで地域の子どもの読書環境を改善する面が注目されてきたが，一方で，地域で人びとが生活し，暮らしをよくするための活動の一環であるとの認識に立ち，再検討する必要を吉田右子は示唆している。

### (4) 文庫活動における意識の変化

　そのひとつの試みを見ておこう。JLA の全国子ども文庫調査では，1981 年と 1993 年に文庫をはじめた動機について聞いているが，結果は表1のとおりで，そう大きな変化はない。

**表1　子ども文庫をはじめた動機**

|  | 1981 年 | 1993 年 |
| --- | --- | --- |
| 子どもに本を読ませたい | 1 | 1 |
| 子どもの本が好き | 4 | 2 |
| 地域活動の一環 | 2 | 3 |
| 子どもが好き | 5 | 4 |
| 近くに図書館がない | 3 | 5 |

出典：『子どもの豊かさを求めて：全国子ども文庫調査報告書』日本図書館協会，1984，および『同』3（1995）

　近年，汐﨑(しおざき)順子が文庫の調査をしている（『こどもの図書館』57 巻 8 号 -59 巻 9 号，2010.8-2012.9）。ここでは文庫関係者に活動をはじめた動機とつづけている理由をに聞いて，意識の変化を分析している。「子どもが好き」「子どもの本が好き」であるとか，「子どもに自分の読ませたい」「本を手渡したい」

は「動機」と「理由」のいずれも上位で,ほとんど差がない。対照的に,差が見られるのは表2のとおりである。

**表2 文庫をはじめた動機とつづけている理由**

|  | 動機 → 理由 |  |
|---|---|---|
| ①読書環境の充実 | 6 → 12 位 | ▽ |
| ②近隣の読書施設の有無 | 5 → 9 | ▽ |
| ③仲間や友人とのつながり | 13 → 6 | △ |
| ④地域活動の一環,必要性 | 7 → 3 | △ |

出典：汐﨑順子「文庫・BUNKOの今明日 第12回 文庫へのアンケート調査・その6」『こどもの図書館』59巻2号,2012.2

　上記①と②は読書環境（図書館など）が充実することによって,それ以外へと視野が広がったことと推察できる。いずれもつづける理由では順位が下がっている。③は活動を仲間と共有する喜び,文庫の楽しさを発見したことであり,④は社会に対する関心,市民としての自覚が高まったことではないかと汐﨑は分析している。③,④は順位を上げている。

　文庫を運営している人の年齢層や活動時期によって,読書環境も大きく異なり,動機や理由にもそれらが反映される。それでも,この表からは,年代による意識の違いや置かれた環境を越え,母親たちが文庫活動をつづけていくことによって,地域活動とのかかわりを強くしていくことが読みとれる。

## 6.5 市民がつくる図書館計画

| | |
|---|---|
| 1973.11.27 | （北海道）小林静江，小樽市立病院の小児科プレイルーム内に「ふきのとう文庫」第1号を開設 |
| 1979.2.- | 横浜市に図書館をつくる住民運動連絡会『わたしたちの望む横浜市の図書館』を作成 |
| 1981.1.15 | 福山恭子，「わんぱく文庫」を開く（1996.6 大阪府立中央図書館こども資料室へ移管） |
| 1981.11.- | （東京・練馬区）渡辺順子，障害児のための文庫，「すずらん第二文庫」開設 |
| 1984.4.- | 大阪に点訳絵本の会，「岩田文庫」を開設 |
| 1984.12.- | 札幌の図書館づくりをすすめる会『続・札幌にみんなの図書館を』を作成 |
| 1985.5.29 | 仙台にもっと図書館をつくる会『図書館をもっと身近に暮らしの中に』を作成 |
| 1988.9.18 | 福島市立図書館を育てる市民の会，『身近な図書館を求めて　その1：福島市の図書館白書1988』発行 |

　『中小都市における公共図書館の運営』（「中小レポート」）や『市民の図書館』は，地域に図書館をつくる大きな力となった。ところが，一定程度図書館ができると，行政の図書館政策が停滞するところが少なくない。とくに大都市にはその傾向が顕著である。そこで市民は，自ら図書館計画を立案し，行政に提案する方法へと運動を進めていく。そして，やがて図書館を含めた行政全体の課題へと関心を高めていく。

## (1) 市民がつくる図書館計画　横浜

　市民が図書館計画を作るようになったきっかけは，さまざまであったようだ。「横浜市に図書館をつくる住民運動連絡会」は，機会あるごとに行政に対して連絡会の主張を伝えてきたが，一向に市の図書館政策のビジョンが示されないため，自分たちで横浜市の図書館政策の具体案に着手することになる。1978年7月に執筆を開始，1979年3月に『わたしたちの望む横浜市の図書館』を完成させた（B4判，23p）。

　計画は，①公共図書館は私たちになぜ必要か，②現状と問題点，③めざす公共図書館像，④私たちの望む図書館網，⑤過渡期対策，からなる。この市民による図書館計画は，「横浜市図書館行政の施策と展望」（横浜市教育委員会，1972）と「横浜市総合計画・1985：市民による新しいまちづくり」（横浜市，1973）に基づき，横浜市のビジョンを検証，図書館行政の明確な方針が欠落していると指摘，総合的な図書館計画の策定を提起した。

　菅原峻（すがわらたかし）は，母親たちの運動を支援し，ともに図書館づくりを進めてきた。菅原は，『母親のための図書館』（晶文社，1980）のなかで，横浜市民による図書館計画を紹介し，「自らの図書館計画をもち，図書館像をもつところから出発し直すべきところにきている」と述べ，これが図書館づくり運動のひとつの転機となると高く評価した。

## (2) 札幌，そして仙台

　1984年12月，「札幌の図書館づくりをすすめる会」（1974年11月発足）は，『続・札幌にみんなの図書館を』によって，市内各区に1館が完成したが，それでは10年前に報告され

た「公立図書館の設置及び運営上の望ましい基準（案）」にてらしても到底不十分であり，1区に複数館が必要であることを検証した。

その翌年の 1985 年 5 月，「仙台にもっと図書館をつくる会」（1982 年 4 月発足，「もっとの会」）は，『図書館をもっと身近に暮らしの中に：仙台市にもっと図書館をつくる会図書館構想』を

●仙台にもっと図書館をつくる会の図書館構想

仙台市に提出する。仙台市は，1986 年 12 月に「仙台市図書館整備基本構想報告書」，それにつづき「仙台市図書館整備基本計画」を発表する。1989 年 4 月，「もっとの会」は「その 2　地区館編」を公表，この年，仙台市は政令指定都市となる。つづいて 1997 年 9 月，「もっとの会」は『21 世紀にむけて図書館構想（その 3）』を発行する。

図書館計画づくりが大都市からはじまったのは，運動が活発な地域であったことが理由のひとつにあげられるが，ある程度図書館がつくられると，そこで図書館行政が停滞してしまうという，大都市ゆえの図書館政策の貧困さを指摘することができる。

### (3)　各地の図書館計画づくり

1988 年 9 月，「福島市立図書館を育てる市民の会」（1985 年 6 月発足）は，『身近な図書館を求めて　その 1：福島市の図書館白書 1988』，翌年 3 月には，「その 2：福島市の図書館

基本計画案　2000年をめざして」を発行した。このときの「計画案」は，福島市民が「だれでも，どこに住んでいようとどんな条件で暮らしていようと，等しく図書館サービスが受けられる図書館」を実現すること，図書館サービス網の形成などが盛り込まれた。計画案を企画するにあたり，「『人』をどう確保するのか，一番大切な問題」と考えた同会は，1990年代には地方自治法を根拠とする図書館条例の改正，司書職制度を確立するなどの運動を展開する。1997年4月には司書の採用，2014年3月には図書館法に則った図書館条例を実現した。

　1990年2月，長崎県諫早市の「びぶりおの会」（1985年秋に発足）は，『諫早の未来を拓く図書館を！：市民が描く諫早の新しい図書館像』を発行する。同会は，講演会，図書館見学などをとおして，市民に図書館の意義を訴え，自らも学習会を重ね，5年後を目指して計画を立てた。中央館は市役所周辺に，市全域サービス網の拠点として市内の7地区に七つの地域館（分館）を設置することを第1に掲げ，開架図書冊数，蔵書冊数，年間購入冊数と資料費の確保をそれぞれ具体的に明示，市の直営の運営であること，専任職員の司書資格を有する率を67％以上とした。

　「静岡市の図書館をよくする会」（1988年9月発足，2009年1月「静岡図書館友の会」に改組）は，1990年10月『静岡市民の図書館基本構想：第1次試案』において，静岡市の図書館を先進市の入口に立たせることを目標に，独自の図書館計画を考案，市内に16館の図書館の設置を提言，実現への道筋を示した。1998年1月には「第2次試案」を作成した。

## (4) 社会的な役割を担う文庫

　文庫活動のなかから，ハンディキャップをもつ子どもたちの読書環境を改善する動きがはじまったのは，1970年代に入ってからである。1973年11月，小林静江は北海道小樽市立病院の小児科のプレイルームに「ふきのとう文庫」第1号を開設した。自身，重度の障害のある妹をもつ小林は，1970年代に重度身障者（児）の読書の権利の保障を求める運動などを展開，障害をもった人たちに対する権利の拡大に尽くした。1980年の夏，福山恭子は，子どもの本専門店で偶然目の見えない女の子を連れたお母さんに出会う。このことがきっかけで，1981年1月，大阪市内の盲人情報文化センターの一室に「わんぱく文庫」を開いた（現在は大阪府立中央図書館こども資料室内）。

　1984年4月，二児をもつ全盲の母岩田美津子は，大阪市に「点訳絵本の会岩田文庫」を開設（1991年4月「てんやく絵本ふれあい文庫」と改称），点訳絵本の郵送料無料化を実現する。

　東京・練馬区の渡辺順子は，1981年11月，障害児のための文庫，「すずらん第二文庫」を開設する。渡辺は1973年10月に「すずらん文庫」を開設。1990年1月，24グループで「東京布の絵本連絡会」の発足に尽力する。

　文庫活動は地域活動への関心を高める契機となり，それが社会を変える活動へと展開していった。ハンディキャップをもった子どもたちに対する読書環境の整備は，布絵本，さわる絵本，点訳絵本などの資料の製作，普及へと活動の幅を広げている。

## 6.6 新しい市民の図書館

| | |
|---|---|
| 1986.11.6 | （佐賀）伊万里市に「図書館づくりをすすめる会」発足 |
| 1993.6.29 | 伊万里市民図書館，「図書館づくり伊万里塾」開始 |
| 1995.7.7 | 伊万里市民図書館落成式 |
| 1995.10.6 | 福岡市に「身近に図書館がほしい福岡市民の会」発足 |
| 1996.6.- | 福島市，司書採用試験を実施 |
| 1999.7.- | （東京）東村山市立図書館協議会，有資格館長を認める方向性を明示 |
| 2004.4.1 | 図書館友の会全国連絡会（図友連）発足 |
| 2005.3.31 | （大阪）豊中市立図書館協議会「これからの豊中市立図書館の運営のあり方について（提言）」発表 |
| 2009.5.- | 図友連，総会において「私たちの図書館宣言」を採択 |

　図書館づくり運動の成果を実感できるところもあれば，そうでないところもあるかもしれない。それでも，1980年代は市民の努力がかたちになってあらわれてきた時期といえるのではないか。市民は，図書館ができると，「友の会」などを通じて図書館との協働を模索するようになった。また，図書館協議会の重要性などを訴え，運営のあり方に対して市民の眼からあるべき図書館の姿を追究する動きも広がっている。

### (1) 市民のための図書館をめざして

　佐賀・伊万里市には，1986年11月からすでに「図書館づくりをすすめる会」があり，活動を展開していた。1989年4月から7月，市立図書館建設調査委員会が発足，同年9月，新図書館建設について市と市民代表との懇談会が開かれる。

1991年6月には，図書館基本計画を図書館計画施設研究所（菅原峻）に委託。同年11月，第1回図書館建設懇話会を開催する。これは設計者，図書館職員と市民（代表20人）による話し合いの場であり，1994年3月まで6回開催された。

1992年4月，図書館建設準備室が設置され，翌年6月，「図書館づくり伊万里塾」がはじまる。「伊万里塾」は，図書館が市民に対して呼びかける市民主体の学習会で，翌年の2月まで8回開催した。

同館の計画と設計は，1991年に提唱された「伊万里学」の考え方に沿って進められた。伊万里学とは，生涯学習の時代において，地域住民が主体となった学習活動により，地域の社会的な課題への取り組みなどを進めることをめざすとされる。伊万里市は，ハード中心の町おこしから，地域住民による学習を基盤としたソフト重視の施策への転換をはかり，それに加えて住民の参画と行政の「協働」によって地方自治の可能性を高めるとの明確な方針を掲げていた。

1995年7月，「すべての市民の知的自由を確保し，文化的かつ民主的な地方自治の発展を促すため，自由で公平な資料と情報を提供する生涯学習の拠点として」（「伊万里市民図書館設置条例」第1条），伊万里市民図書館が開館した。それから2か月後の9月，市民による「図書館フレンズいまり」が発足する。

## (2) 地域のなかに図書館を

伊万里市民図書館開館から3か月後の1995年10月，福岡市に「身近に図書館がほしい福岡市民の会」（現・「身近な図書館の会・福岡」）が発足する。福岡市では当時，人口130万

人に対し総合図書館が1館，ほか7区に市民センター図書室が1館ずつあるだけという，大都市に特有の問題を抱えていた。移動図書館はあっても文庫などの団体への貸出専用で，九州のほかの県庁所在都市・政令指定都市の図書館と比較しても利用は最も少ない。

集まった市民は，2万人にひとつの地域館づくりをめざす。さっそく2か月後の12月には菅原峻を呼んで講演会を開き，翌1996年2月には福岡・苅田町立図書館を見学，「落ち着いた雰囲気」のある「生活音のする図書館」を感じる。11月には第1回「フォーラム・住民と図書館」を開催する。これは，県内で図書館づくり運動をしている人びととの地域ぐるみの活動である。さらに，1997年1月には伊万里市民図書館を訪れる。後発の団体にとってのよいことは，お手本が近くにあることだ。

運動を進めるなかで学校図書館がいまだに整備されていない現実を知り，地域のなかに図書館をもつためには自治体直営による図書館運営が必要であることを学んでゆく。

### (3) 図書館協議会の役割

図書館協議会は，図書館の管理運営に関し，図書館長の諮問に応じて図書館の行うサービスに対して意見を述べる機関として，図書館法第14条に定めがある。必置機関ではないために必ずしも設置率は高くなかったが，近年増加傾向にある。しかし，1984年調査の際も大都市における設置率の低さが指摘されていたが，2006年調査でも特別区，政令指定都市の設置率は，それぞれ34.2％，22.2％と依然平均を大きく下回っている。図書館協議会に占める市民の委員の数は

必ずしも多くないが，図書館の機能を活性化するための重要な役割を担っている（表1）。

表1　図書館協議会の設置数（図書館数）　　　　　　（　）は%

|  | 図書館協議会 | 議事録の公開 | 図書館友の会 |
| --- | --- | --- | --- |
| 1984 年 | 681（53.1） | 135（10.5） | 16（5.8） |
| 2006 年 | 1,733（63.9） | 545（20.1） | 198（7.3） |

出典：『図書館協議会の設置と活動：調査報告書』（日本図書館協会，1985）および『図書館の状況について報告書：2006 年『日本の図書館』付帯調査』（日本図書館協会，2009）

　東京・東村山市立図書館では，図書館法を根拠に図書館長は司書有資格であるべきことが条例で定められていたが，1999 年 7 月，図書館法改正（館長資格要件の削除）を受けて，図書館長の資格要件について検討された。図書館協議会は条例の趣旨を確認，これまでの方針を踏襲することとする。

　2005 年 3 月，大阪・豊中市立図書館協議会は，館長の諮問に対し「これからの豊中市立図書館の運営のあり方について（提言）」を答申し，指定管理者制度の運営上の問題点を「一般的に公平性・継続性・安定性・公共性において，大いに疑問が残る」とした。また，静岡市立図書館協議会は，市の指定管理者制度導入に対し，「市民と行政が一体となって直営を含めた理想の図書館像を求めて」，計画を再検討することを答申している。図書館協議会は，その運営に利用者の代表である市民を加えることによって，市民本意の図書館運営を提起，図書館サービスの向上，維持に寄与していると言えよう。

## (4) 図書館友の会

図書館づくり運動が実現した地域では，運動を推進した住民団体が，図書館友の会などへ組織を変え，図書館活動をサポートする方向をめざすところが多く見られる。

大阪・茨木市立中央図書館友の会は，「よい友の会の存在は並みの図書館を秀でた図書館にする」(『図書館雑誌』91巻2号，1997.2) というアメリカの図書館友の会活動をモデルに，図書館のあり方を考える。1995年10月に発足した横浜市の「よこはまライブラリーフレンド」は，多文化サービスの普及などのさまざまな活動をとおして図書館への市民参加をつづけている。

2004年4月，各地の図書館友の会などの活動を全国組織とする「図書館友の会全国連絡会」(図友連) が発足する。2009年5月，総会において「私たちの図書館宣言」を採択。前文につづいて，第1に図書館は知る自由と学ぶ権利を保障する，第2にいつでも，どこでも，誰でも，身近に無料で利用できる，第3に資料・情報が豊富に収集・整理・保存されていることを掲げ，以下，司書職制度の確立，経験ある館長と職員 (第4)，利用者のプライバシー保護 (第5)，情報公開と民意に基づく図書館協議会の設置 (第6)，教育委員会の責任で設置，直営 (第7) など「図書館のあるべき姿」を明示する。

現在は，学習会，会員交流会を重ねながら，公立図書館，学校図書館の振興などに関し，文部科学省などに対する要望，院内集会の開催，活発なロビー活動などを行っている。

## 参考文献

### 6.1
- 村岡恵理『アンのゆりかご：村岡花子の生涯』マガジンハウス　2008
- 松岡享子「解説『子どもの図書館』の驚くべき浸透力」『石井桃子集　5』岩波書店　1999
- 高橋樹一郎［著］『子ども bunko プロジェクト報告書』（伊藤忠記念財団調査研究報告書）伊藤忠記念財団　2006
- 松岡享子ほか「座談会　地域とつながる子ども文庫」『コミュニティ』123 号　1999.5

### 6.2
- 小川徹［ほか］『公共図書館サービス・運動の歴史　2』日本図書館協会　2006（JLA 図書館実践シリーズ 5）

### 6.3
- 斎藤尚吾『點燈集：読書運動の旅』書肆にしかわ　1988
- 斎藤尚吾「私たちの運動のこれまでとこれから」『親子読書運動』10 号　1974.10
- 渋谷清視『子どもの本と読書を考える』鳩の森書房　1978
- 汐﨑順子『児童サービスの歴史：戦後日本の公立図書館における児童サービスの発展』創元社　2007
- 児童図書館研究会編『児童図書館のあゆみ：児童図書館研究会 50 年史』教育史料出版会　2004

### 6.4
- 「特集　文庫」『現代の図書館』17 巻 2 号　1979.6
- 栗山規子「文庫と私」三鷹市文庫連絡会編『輪を広げる文庫活動』26 号（1999 年度のあゆみ）三鷹市文庫連絡会　2000

- 「シンポジウム私たちの親子読書運動：われわれの 20 年が地域に根づいて生み出したもの」『親子読書運動』58 号　1987.12
- 川島恭子「『図書館づくり運動入門』を読んで」『こどもの図書館』24 巻 4 号　1977.4
- 竹内悊「文庫活動と図書館」『親子読書運動』48 号　1984.11
- 吉田右子「1960 年代から 1970 年代の子ども文庫運動の再検討」『日本図書館情報学会誌』50 巻 3 号　2004.10
- 汐﨑順子「日本の文庫：運営の現状と運営者の意識」『Library and Information Science』70 号　2013.12

6.5

- 『美しい生活者として：伊万里学・協働と文化』伊万里市教育委員会　1993
- 扇元久栄［ほか］『図書館づくり運動実践記：三つの報告と新・図書館づくり運動論』緑風出版　1997
- 身近に図書館がほしい福岡市民の会『おーい図書館：市民による図書館運動 10 年の記録』石風社　2006
- ふきのとう文庫『春を呼べ！　ふきのとう』偕成社　1990
- 岩田美津子『見えないお母さん絵本を読む』せせらぎ出版　1992

6.6

- 全国子ども文庫調査実行委員会編『子どもの豊かさを求めて：全国子ども文庫調査報告書』日本図書館協会　1984（2 は 1989，3 は 1995 刊）
- 『地域・家庭文庫の現状と課題：文庫づくり運動調査委員会報告』日本図書館協会　1972
- 「特集　図書館協議会の活動を考える」『図書館雑誌』101 巻 2 号　2007.2

# 7章 図書館の歩みを残すとき

【現代からの視点】

　実際に，自館の図書館史を執筆するためにはどうしたらよいかを考える。これまでにも創立何十年，100年といった大きな区切りの年に，図書館は自らの館の歴史を記してきた。この数年を見ても，いくつかの館で100周年を記念した図書館史が刊行されている。いかなる理由からかわからないが，作成しないところもある。

　図書館の数も増え，長い間サービスをしてきたところがある。これからはどうなのだろうか。図書館史に対する関心はそれほど高くはないのは承知しているし，記録を整理して，それをまとめることさえも現状ではむずかしくなってきている，との声も聞かれる。それでもある図書館では，自ら館史を作成する計画を立てているかもしれない。どうしようかと迷っているかもしれない。

　図書館史を記述するおもな目的は，それまでの事業を記録のかたちで公開することである。これによって刊行物が一点増えるのは言うまでもないが，いくつかの副産物を伴う。第1に図書館を地域にPRするよい機会となるはず。第2に図書館史を書くことによって，図書館員が業務やサービスを検証する機会を得る。それによって将来への展望を開くことが期待できる。第3にそれまでに未整理だった資料を発見したり，整理する機会が得られる，など。

　副産物と言ったが，これらはいずれも図書館員の本来業務だと思われる。図書館史研究に携わってきた端くれとしては，記録を公開すべきだと考えるし，作成してほしい。

## 7.1 「図書館史」編

　ここでは，自館の歴史をまとめる意義やその方法について検討を加える。これまでにどのように「図書館史」が編まれてきたのか，記述やスタイルを整理し，そこから何を学び，それをどう生かしてゆくのかを考えてみたい。

### (1) 「図書館史」を作成する前に

　自館が歩んできた道のりを，単なる記念誌で終わらせるのではなく，むしろこういった機会を生かし，積極的に取り組むなかで，過去を検証し，現代の課題を整理・分析し，将来を展望することが重要である。

　なお，ここではかっこ書きで「図書館史」と言う場合，図書館員が自館の図書館について作成する図書館史のことをさし，研究者による図書館史研究とは別に考える。

#### ① 課題を整理する

　誰が，何のために，自館の「図書館史」を準備するのかをまずは考える必要がある。主体は誰なのか，ということになる。多くは何十周年など「記念」事業の一環として「図書館史」作成に取り組むことになろう。とすると，それは単なる記念事業にすぎないのかもしれない。しかし，それは別の見方をすれば，「図書館史」作成の絶好の機会と考えるべきであろう。長年図書館員をしていても，遭遇できるとは限らないのだから。

　そこで，何を書くべきかが問題になる。事実を列挙すればよいのか。それとも図書館の社会的な役割であるとか，図書

館が利用者にどのように向き合ってきたのかを書くことになるのであろうか。では，誰がそれをどうまとめるのか。

　ところで記録はあるのか。あるいは昔のことを知っている図書館員はいるのか。書き手は多かれ少なかれ図書館員が中心となろう。その場合，図書館史の研究者ではない。どうやって書いたらよいのか。たとえば歴史的な評価をどのようにしたらよいのか，判断基準となるものは何か。などの疑問符がいくつも並ぶだろう。それを整理するとこうなる。

　①なぜ，「図書館史」を作るのか？　作成の意義
　②何から学んだらよいか？　調査・研究に相当
　③どんなふうに書かれてきたか？　実例に学ぶ
　④どんなものにしたいのか？　モデルを検討する
　⑤どう作ったらよいか？　作成の手順

　上記の①は第1章で，②は第2～6章で述べた。この章では③以下について，順を追って見ていきたい。

② 「図書館史」作成の問題点について

　少し古いことになるが，まず永末十四雄の「図書館史」についてのコメントから見ておく。永末は，1986年，図書館史研究が軌道に乗りかけた頃，次のように言っていた。

　　標題を「＊図書館＊年史」としても，歴史的な経過よりは，事象の列挙または各部門の運営についての要覧的記述が多く，そのまま図書館史の研究書といい難いが，地方図書館研究の史料となるまたなり得る記録ではある。……これら「館史」を通覧すると，それを事務的な資料以上のものにするのは，図書館の規模よりは当事者の見識と熱意，

それに加えて図書館職員の主体的な参加が大事な要素であるのが肯ける。(「日本における地方図書館史研究の動向と課題」『図書館史研究』3号, 1986)

このときに永末が評価していたのが,『神奈川県図書館史』(神奈川県立図書館, 1966)だった。すでに述べたように, これは「県立図書館史」ではなく「県図書館史」としたところに編者の視野の広さを感じる。

### ③ 「図書館史」を作成する意義

先に「図書館史」作成の問題点をあげた。作成する側から言えば, せっかく「図書館史」を書いても, せいぜい図書館史の専門家からは酷評されるのが落ちだということにはならないか。とするなら, それまでして「図書館史」を作成する意義はどこにあるのか, ということになろう。

近年刊行された「図書館史」にひとつの答えがある。2009年に東京・江東区立深川図書館が『深川図書館100年のあゆみ』(江東区教育委員会)をまとめた。この本については, 山口源治郎が紹介している。山口は, 深川図書館が独自の時期区分を採用したことを評価, さらに「先人たちの努力の積み重ねを冷静に見つめ, 描き, 正と負の両面の遺産を引き受け, そこから未来を展望する手掛かりをつかみだすこと」に「改めて図書館員が図書館史を書くことの意味」を認めている(「新刊紹介『深川図書館100年のあゆみ』」『図書館界』62巻6号, 2011.3)。

また, 鎌倉市図書館は, 市民と図書館員との協働によって『鎌倉図書館百年史』(鎌倉市教育委員会, 2011)を作成した。

その経緯は同書に記録されているが，図書館側にとっても，市民の側にとっても，ある程度の覚悟がないとできないことだと思われる。それはどういうことかというと，図書館側にとっては職員間でさえむずかしくなってきているのに，さらに市民と意見調整して歴史を編集するといった事業を進めることの煩雑さを負うことであり，市民にとっては執筆能力が発揮できるかなどである。しかし，取り組んでみるだけの価値はあるのではないか。「ともんけんウィークリー」（図書館問題研究会　http://tomonken-weekly.seesaa.net/article/221186941.html, 引用：2011.8.19）がこれをとりあげ，「図書館の振興・発展のための市民活動をしている者にとって，大変参考になる素晴らしい内容」だと高く評価している。

　筆者は，たまたま『鎌倉図書館百年史』に携わる機会を得た。市民グループの求めに応じて，次のような一文を記したことがある。少々長くなるが参考のためにあげておく〔附録1参照〕。

④　資料を探して，生かして，残す

　この章の冒頭に，「図書館史」を作成することが，それまでに未整理だった資料の発見や再整理などの機会となるのではないかと述べた。どういうことか。公文書であるとか諸規程，業務日誌，他館との業務連絡などの文書類がそれに相当するが，現在業務上に必要な資料がきちんと整理・保管されているであろう。それらの過去分はどのようになっているのであろうか。また，図書館では，長年経過すると，多かれ少なかれ図書館資料以外の未整理資料を所蔵することになる。そのなかに自館の運営などに関連した資料などは含まれてい

ないだろうか。あるいは,そのような資料らしきものがそのまま継承されて,どこかに眠っていないだろうか。点検をしてみてはどうか。そういう意味である。

　それらにどのような価値があるのか。これまで十分に活かされていなかった資料に資料的な価値があるはずはない,そう思うのは当然のことだが,時間が経過することによって,資料に対する見方が変わったりすることがある。それらのすべてにそう言い切れるかは別にしても,歴史的な資料にはそのようなものが少なくない。また,そうした資料を発見することで,自館の活動が明らかになることがあるかもしれないし,少なくとも「図書館史」作成のときの基本資料となりうるのではないか。

　これらは当然,図書館員としては知っていなければならない内容であり,自館の資料は,自館のみならず地域の資料である。さらにはこれまで歩んできた図書館の歴史を検討する素材となり,これらは共有されるべき性格を有している。最近でも,実際にいくつかの館では数十年来そのままになっていた資料を,記念誌の作成にあわせて活用し,さらには別枠で予算を獲得して整理している。

　大幅に人員が入れ替わる時期であるとか,建物が新しくなるときなどは,未整理の資料にとっては廃棄の危機と言われるが,「図書館史」を作成する際には,それとは逆に資料が保存される好機としたい。

　また,歴史資料によって検証できないことなどについては,関係者への聞き取り調査を行ったり,旧職員などが個人的に所有している資料などについても,調査する必要があろう。

## ⑤ 市民の記録から学ぶ

　住民が作った資料からも「図書館史」作成の意義のためのヒントをさがすことができる。「鶴ヶ島・本の森友の会」のまとめた記念誌がある。埼玉・鶴ヶ島市立図書館における20年間の活動を記念して作成した『鶴ヶ島・本の森友の会20年の年輪』(2011) である。この記念誌の編集方針は「原点回帰への一助」であり，「実践の確認と反省」を目的としているのだが，そればかりではない。自分たちでつくりあげてきた運動を「今後いかに継承し発展させていくか」との課題が明示されている。ここは注目すべきところではないか。

　2011年に亡くなった菅原峻は，長い間住民の運動をリードしてきた。その菅原が，大阪府熊取町の「くまとり読書友の会」20周年記念誌に次のようなことばを寄せている。少し長いが，引用する。

　　図書館は，いまとても困難な状態に囲まれている。……そう思いつつ，図書館は何をしているのだろうか，この状況のもとで何ができるのか，あるいはやるべきことは何か，を考えている。……そのためにいま必要なものは，この町の図書館ものがたりを，遙かな源流までたどってみること。……「熊取図書館ものがたり」を皆んなで紡げないだろうか。いやぜひ取組んでほしい。その取組みの中から，図書館への関心が深まり，広がるだろう。親愛も生まれるにちがいない。図書館設置条例ができてから歴史がはじまったのではない。図書館という建物が生まれてからが歴史なのでもないのだ。「くまとり読書友の会」が，……図書館のいまと明日を与える力になってほしいと願う。(菅原峻「『熊

取図書館ものがたり』を紡ごう」『千種：くまとり読書友の会20周年記念誌』くまとり読書友の会，2010.「巻頭のことば」として。2009年2月12日の付記あり）

　この記念誌は，菅原の呼びかけに応えたものといえよう。住民による記録がそのまま「図書館史」になるのではないが，図書館運動を考えるとき，大切な問題がここに提起されているように思われる。

　ひとつは，地域に暮らしている人びとにとって，図書館とはいかなる存在であるのか，あったのか。これからの図書館には何が期待されているのか。住民は運動をつづけるなかで情報発信をし，資料を作成し，蓄積してさらに編集する作業をしている。それらの動機は一様ではないにしても，住民の記録は，それらのことを知る手がかりとなるのではないか。

　もうひとつは，図書館の歴史を編むことが，現代の図書館のあり方を考えるヒントになるのではないか，との菅原のメッセージが利用者である住民に発せられていることである。とすれば，図書館にかかわる仕事を選んだ図書館員はどうなのか。図書館員が自らの「仕事」として，「図書館史」を書くことは，図書館員にとって当然の責務，ということにならないか，ということである。

⑥　仮説を立てて，明らかにする

　あるサービスを思い浮かべてみる。そのサービスがいつから，いかなる理由で導入されたのか？　発案者は誰か？　それは，どこから，どのような経路によってもたらされたのか？　そのサービスは利用者に浸透したのか？　利用状況の

変化はどうか？

　このような問いを立てながら，それに対する答えをさがすプロセスの積み重ねが，歴史を書くということにつながっていくと考えてよい。歴史を書くということは，事実の積み重ねでもあるが，新たな事実を発見する行為でもある。これまでとは異なる見解であるとか，事実が提示されることによって新たな歴史がつくられる。それを単なる主観によってではなく，客観的に実証することが大切である。まだ十分に明らかにされていないことを調査して，歴史的な事実として確定させることが，作成への第一歩となる。

## (2) モデルをさがす

　「図書館史」は，刊行の目的によって構成が異なる。また，館に独自の資料があるかどうか，これまでに作成の蓄積があるかどうか，さらにはスタッフや予算なども当然大きな要因となる。ここでは，出版物を中心に検討してみたい。

### ① 「図書館史」の形態

　「図書館史」は必ずしも同様の発行形態をとるとは限らない。図書館の事情，考え方などによって異なるし，また完成された作品もそれぞれに個性がある。

・公表の形式

　「図書館史」として単独に単行本や小冊子として発行されることもあれば，「図書館史」とは銘打たない「図書館報」などの発行物の一部に「図書館史」が掲載される場合もある。収録の範囲は，50年，100年といった長い期間の

場合が圧倒的に多いが,近年は10年,20年単位で発行する図書館もある。たとえば,『愛荘町立愛知川図書館・愛知川びんてまりの館の10年：2000-2010』（愛荘町立愛知川図書館,2010）などがある。

・構成

「図書館史」が本になる場合,各館の編集方針によって作成されるため,構成はさまざまである。本文の記述（本編）と資料（年表を含む）によって構成されることが多い。あまり多くはないが,『横浜の本と文化：横浜市中央図書館開館記念誌』（横浜市中央図書館,1994）は出版,読書文化,外国文化,図書館の4分野によって構成されている。

② タイプ

単行本として刊行されたものを以下のようにタイプ別にしてみた。A～Dは,本文の記述（本編）,資料（年表を含む）などで構成されているもので,Eが年表。以下に筆者なりの考えで分類してみる。それぞれに代表的な「図書館史」をあげておく。

## A 記述中心派

図書館の歴史的経過を体系的に整理していて,次の2点は,詳細な検討,記述がなされている。
・『八戸市立図書館百年史』（八戸市立図書館,1974,594p.）
・『中之島百年：大阪府立図書館のあゆみ』（大阪府立中之島図書館百周年記念事業実行委員会,2004,474p.）

同書については,刊行後に筆者が書評を書いている。この書評には,「図書館史」が作成される上で,当該館が所蔵

する資料が重要な意味をもつこと，また，図書館員が歴史を執筆する意義にも言及しているので，参考のためにあげておく〔附録2参照〕。

とくに資料的価値が高い図書は次のとおり。図書館史研究にとっての基本資料となっている。

・田村盛一『山口図書館五拾年略史』（山口県立山口図書館，1953，227p.）

同書は「後日の参考の一助」となるよう「主観を交えた批判は避け，当時の記録を集載する」との編集方針が記されている。

・『秋田県立秋田図書館沿革誌　昭和36年度版』（秋田県立秋田図書館，1961，278p.）

「沿革誌を単なる過去を回顧するための史書とすることなく，本館の輝かしい伝統を基盤とする将来の大秋田県立秋田図書館実現の基礎資料たらしめるよう努めたい」と「はしがき」にある。

B　ビジュアル系

近年刊行される「図書館史」の多くは，図版が多く，レイアウトが工夫され，見やすさ，親しみやすさをアピールしているように見受けられる。記述は概説的な傾向が強いように思われる。

・『茨城県立図書館100年の歩み』（茨城県立図書館，2003，100p.）
・『大分県立図書館百年史』（大分県立図書館，2005，190p.）

大分では，本文の見開き左ページに年表を置き，その理解のために右ページに資料，図版などを配する工夫がされて

いる。

## C　折衷派
　上記AとBの相半ばした性格を有するもの。
・『100年のあゆみ：宮崎県立図書館100周年記念誌』（宮崎県立図書館，2002，239p.）
・『深川図書館100年のあゆみ』（江東区教育委員会，2009，71p.）
　内容については後述する。

## D　コストパフォーマンス派
　経済的で，装丁などをシンプルにして，費用を抑える工夫がなされているが，中身は充実している。これらを見ていて感じるのは，やる気さえあればどこの図書館でもコストをかけずに質の高い「図書館史」ができる，経費は障害にはならないということである。
・『小平市立図書館30年の歩み』（小平市立中央図書館，2006，102p.）
　その前の「10年の歩み」「20年の歩み」の続編。ここでは10年おきに刊行されている。この「30年」は全体のほぼ半分が「年表」で，各年度の冒頭に年間の概要を記し，写真を付して，わかりやすい構成が印象的。時系列にサービスなどの変化が理解できるような工夫もされている。後半の約半分は「資料」であり，年度ごとの推移が把握できる。統計の分量が多いのも特徴。
・『調布市立図書館40年の歩み』（調布市立図書館，2008，42p.）
　『調布市立図書館のあゆみ』（[1969]）のあと「20年」「25

年」「30年」「35年」と5年ごとに刊行されていて，それにつづく。本文の「経過」では，近年の約5年分を加筆する方法がとられている。「資料」は，小平とは対照的に，ポイントを絞って，利用の変化をクローズアップする方法がとられている。また「図書館運営」の考え方を明示するなど，運営組織の変遷をわかりやすく説明している。最後に年表を付す。

　このあと2013年に「45年の歩み」が発行された。同書は冒頭に「調布市立図書館の基本方針及び運営方針」を示している。これまで5年間の動向を記述していたが，ここでは開館時から現在に至るまでの推移が報告されている。項目の順序であるが，「4　市民参加」を「5　運営体制」「6　図書館サービスの拡大」などの前に位置づけている。また，「15　『東日本大震災』における調布市立図書館の対応について」がある。

・『東大和市立中央図書館20年の記録』（東大和市立中央図書館，2005，100p.）

　A5判のコンパクトなつくり。全体を15のテーマに分けて，それぞれにサービスなどの内容の紹介と20年の変遷を解説する。小さな本の割にデータも充実している。「東大和読書環境年表」には読ませる工夫がうかがえる。

E　年表派

　年表を独立して刊行したもので，本文と対になる場合が多い。

・『宮城県図書館年表』（宮城県図書館，1981，36p.）

　この後『宮城県図書館百年史：1881〜1981』（宮城県図書館，

1984）を刊行している。
・『秋田県立秋田図書館史年表』（秋田県立秋田図書館，1990，144p.）
90周年を機に刊行，10年後に『100年のあゆみ：秋田県立図書館創立100周年記念誌』（秋田県立図書館，2000）を刊行している。

なお，図書館年表だけを単独で作成する場合については，「7.2　図書館年表編」で検討する。

### （3）　他館の経験に学ぶ

記録や資料を集約し，編集したものが「図書館史」となる。その蓄積によって新たな「図書館史」が生まれる。

#### ①　前史の蓄積がある場合

「○○年史」が何年か後に「△△年史」となる例。使われている資料を見ると前の「図書館史」を踏襲している場合が多いが，編集方針などは必ずしも同じとは限らない。
・田村盛一『山口図書館五拾年略史』（山口県立山口図書館，1953，227p.）→『山口県立山口図書館70年のあゆみ：1903〜1973』（同館，1973，44p.）→『100年のあゆみ：山口県立山口図書館開設100周年記念誌』（同館，2004，1冊）
・『深川図書館史調査報告書』（江東区立深川図書館，1994，179p.）／『深川図書館解体記録調査報告書』（江東区教育委員会，1994，86p.）→『深川図書館100年のあゆみ』（江東区教育委員会，2009，71p.）

江東区立深川図書館は，2007年度に100年史の編集・発行を計画，2008年4月に第1次，2009年4月に第2次プロ

ジェクトチームを立ち上げ，同年8月に刊行，と短期間で作成している。編集を担当した千葉裕子は「これをもとにその典拠となった原資料を確認しながらの執筆は，それでもかなりの労力を費やしたが，この2つがなければ，ここまで短期間での編集はまず不可能であったろう」と述べている（「『深川図書館100年のあゆみ』を編集して」『みんなの図書館』398号，2010.6）。「これ」というのは上に記した1994年に出された二つの報告書のこと。また，西村彩枝子は，日本図書館文化史研究会の例会で「100年史」作成の経緯について報告しているが，そこでは，少なくとも準備には「3年」が必要であり，「基本方針」の決定が重要であると述べている（「深川図書館100年のあゆみを編纂して」［日本図書館文化史研究会2010年度第1回例会レジュメ（2010.6.19）］）。

　また，大阪府立図書館は，「五十年史略」「九十年史」を経て100周年の記念誌，前掲『中之島百年』を，長崎県立長崎図書館は『県立長崎図書館50年史』(1963)のあと，10年ごとに「図書館史」を刊行している。

② **蓄積がない場合**

　蓄積がない，ということばには二つの意味がある。ひとつは，図書館の歴史が浅いために蓄積がないということであり，もうひとつは，歴史はあるが作成の経験がないことである。前者は，10年，20年の単位で区切りをつけて記念誌のようなスタイルで出版する方法をとる。ここでは後者について述べる。

・前掲『鎌倉図書館百年史』

　鎌倉市図書館のホームページに「鎌倉市図書館100年の歩

み」というコーナーがある。同館はこれまで自館の歴史をまとめたことがなかった。そこで「これから図書館史を初めてまとめる皆様に，僭越ながらアドバイスを」と，以下のことが記されている（「100年をたどる日々：鎌倉市図書館100周年記念誌を作る」(https://lib.city.kamakura.kanagawa.jp/hp/html/100nikki.html 引用：2013.12.31)。

① 100年たつ前に，区切りとなる年に記録をまとめておくこと！（100年分を一度にまとめるのは本当に大変なのでお勧めしません！）
② 予算の費目は「委託費」に！（筆者注：鎌倉市は，印刷費で予算計上したため，図書製作にかかるデザインやレイアウトなどを外注できなかったこと）
③ 準備は早めに！予定は前倒しで！
④ 原稿は，印刷に出す前に複数の人間で1ページずつ必ずチェック！
⑤ 著者校は初校までにとどめないと泥沼化します。
⑥ 誤字脱字，無いと思うな思えば負けよ！ 数字，年号，誤字脱字は重点的に何度もチェック！

蓄積がないために大変苦労した例と言える。ここにあげられているうちの半分は，どちらかというと編集作業である。それだけでなく，ここにはこの事業がスタートしてから完成に至るまで記録がされている。

編集のこととは直接関係しないが，参考になるデータがある。鎌倉市のアンケートによれば，記念誌「鎌倉図書館百年史」（仮称，アンケート実施時は未刊）を「読んでみたい」が40人（52.6%）いる。鎌倉ではこれとは別に「グラフ版」という，年表と写真で構成した14ページ立ての冊子を作っ

たが，それを「読んでみたい」が 49 人（64.5 %）にのぼる。鎌倉市が図書館の 100 周年事業を積極的に PR してきたことによるのであろうか，意外と市民は，図書館史に関心をもっているということがわかる（「第 4 回市政 e- モニターアンケート」アンケートの実施期間は，2011 年 7 月 1 日〜12 日，回答率は 38.9％（http://www.city.kamakura.kanagawa.jp/kouchou/documents/emoni-4_2.pdf　引用：2013.12.31）。

### (4)　作成の手順

では，どのようにして「図書館史」を作成するかに話を移す。事実として蓄積された記録があり（資料収集），それがある程度整理されていること，不明なことなどについては併行して調査を行い，結果を精査する，といったことが準備されていれば，次に「図書館史」を，どのように書くか，ということになる。

#### ①　編集委員会の発足

編集委員会を立ち上げることが最初の仕事になる。スタッフをどう募るかは，各館の事情による。規模についても同様。いずれにしてもそのなかでやりくりしなければならない。

事業の開始と終了時期を予測して，編集作業の工程を作成する。内容は，編集方針の作成からはじまり，資料収集および調査，執筆者の選定，依頼，執筆の期日，編集と校正，印刷製本などの作業ごとに役割分担と必要な日数，そして予算の概算を見積もることなどになるだろう。

② 予算措置について

 そこで検討しなければならないのは,記述の対象となる範囲である。時系列で考えた場合,当該館に前史があるかどうか。それは経営主体が現在と異なることや,図書館がスタートする以前の教育的・文化的な背景も含む。ある場合は,それについてどの程度記述するかを決める。そして,いつまで記述するか。公表する時期にもかかわる。一方,図書館の周辺を考えた場合,社会的な事象との関係や類縁機関との連携などをどの程度扱うか,というようなことを検討する必要がある。それらを勘案すれば,ある程度見通しがつく。

 発行形態をどうするか。単行本か,小冊子か,「図書館報」などといった媒体に掲載するか。いずれにしても,公表のしかたについては予測をつけておかなければならない。予算措置を講じる際に必要な条件は,所属する図書館によってさまざまであろう。それでも総ページ数,判型だけでなく装幀,書式(縦書きか横書きか,段組み),文字の大きさ,図版の有無,図版を入れる場合は,おおよその枚数なども検討しておかなければならない。印刷だけではなくレイアウト,編集・構成を業者に委託するかどうかも決めておく必要がある。

③ 執筆と編集との分担

 編集方針の骨格となるのが,構成である。本文と資料からなるのか。資料の内容には,諸規程,統計,年表などをどの程度収録するのか。それぞれ記述のスタイルをどうするか,などを検討する。

 内容にかかわることでは時期区分を検討する必要がある。たとえば,当該館の移転や新築の機会によって時期を区切る

のか，それともサービスの変遷などの特徴的な時期をとらえて時代区分を設定するのか，あるいは図書館界の動向と連動させるのか，先行事例を参考にするとよいであろう。

　各館の事情によるが，執筆者と編集者は担当を分けたい。執筆者は，どうしても執筆に専念するあまり，記述する内容に近接する。編集担当は，記述された内容を俯瞰的にとらえ，全体をバランスよく構成することに専念できるようにしたい。

④　公表の媒体

　できれば単行本として出版したい。諸般の事情によってそれがかなわないときは，あきらめるのではなくさまざまな方法を検討してみたい。段階的に作成する方法もある。

　自館に関するそのときどきの情報を「要覧」や「館報」などに記録しておくと，それが「図書館史」の重要な材料になる。「館報」に「図書館史」の一コマや「年表」などが掲載され，それが「図書館史」に発展したと思われる例は次のとおり（影響関係を検証したわけではないので確実ではないが）。

・STU「東京市立図書館の話 (1)-(3)」『市立図書館と其事業』（9，11-12号，1922.11，1923.3）→『五十年紀要』（東京都立日比谷図書館，1959，103p.）→東京都公立図書館長協議会編『東京都公立図書館略史　1872-1968』（東京都立日比谷図書館，1969，193p.）→『東京都立中央図書館20周年記念誌』（東京都立中央図書館，1994，105p.）→『東京都立中央図書館三十年史』（東京都立中央図書館，2003，95p.）→このほか70年，90年，95年，100年などの節目に館報『ひびや』（2003年から『都立図書館報』）に特集記事を掲載
・浦安市立図書館「浦安市立図書館障害者サービスの歩み」

『うらやすのとしょかん』(30号，1995・春)／同「浦安市立図書館の軌跡」同誌 (34号，1998・春)→『図書館概要』，ホームページの「沿革」など

⑤　公表の方法

　図書館員には，研究・研修の一環として自館の「事例報告」や調査・研究などを発表する機会があると思う。それを積極的に行い，なるべく記録として残すようにする。それによって館員自身の問題意識が継続される。このようにして発表した成果が，「図書館史」の一部を構成することがあるのではないか。その例をあげておく。
・仲田憙弘「大阪図書館協会事歴小稿」『大阪府立図書館紀要』(21号，1984.11, p.7-15.)／多治比［郁夫］「『大阪人文会』覚え書」『なにわづ』(72号，1978.12)→前掲『中之島百年：大阪府立図書館のあゆみ』

⑥　編集・発行のためのスキル

　普段から自己研鑽を重ね，そのなかで資料を読んだり，調べたり，発表したりすることが大切である。そのことと関連するが，図書館業務の全体を見渡す力がないと「図書館史」を構成することはむずかしい。全体を俯瞰することも大切だが，その一方でさまざまな出来事を日々記録して蓄積するスキルも求められる。ここには一見雑用が含まれるように思われるかもしれないが，編集を進めるためには次のような作業も重要である。具体的に列挙する。

　企画・立案（予算），情報の収集・整理，研究・調査，情報の精度の検証，執筆（文章化），レイアウト，校正，印

刷・製本（交渉，納期），頒布（頒布先，印刷物），原稿依頼（執筆者の選定，期日の設定）……

### (5)　「図書館史」を書いてみよう

　せっかく「図書館史」を書くなら，オリジナリティのあるものを書きたい。とは誰もが思うことである。しかし，そう楽なことではないから，目標とするような「よい」作品をモデルに選んで，これに学ぶのもひとつの方法だと思う。図書館が歩んできた道筋が同じわけがないのだから，自ずと中身は違ったものになるはずである。

#### ①　歴史は success story に非ず

　この「よい」というなかにプラス以外の要素を加えてもよいと思う。たとえば，予算，時間などのことである。予算がなければないなりに，経費をかけずに済むものをつくればよいであろう。参考になりそうな事例を本文中にいくつかあげたが，時間をどうやりくりしたかまではわからない。そのようにして，自館で作成可能な範囲を想定してみることも大事なのではないか。それだけではなく，作業チームに加わることができるスタッフなどについても勘案する必要がある。

　当面は，そのようにして真似，ではなく目標を立ててスタートしてみる。それを積み重ねていくと，欲が出てくるはずであり，次へ進むステップのなかでさまざまなアイディア，ひらめき，思いつきなども出てこよう。さらに思い違い，失敗などを経て，オリジナルな作品ができあがる。自ずと道は開けるのではないか。

　「図書館史」を作成しようとするとき，どうしても記念事

業といったことにならざるを得ない。すると，どうしても現在を到達点とする見方が強く働く。そこから脱することが必要なのだということは，本文中に述べた。歴史は，success storyではないのだし，図書館は常に「発達」するだけのものでもない。ではどういうものなのか。

その参考になるものがある。ランガナタンの「図書館学の五法則」の解説のなかに記されている（竹内悊解説『図書館の歩む道：ランガナタン博士の五法則に学ぶ』日本図書館協会，2010）。そこには「図書館現象」について述べられていて，本のコレクションは「その形成，維持，無視，破壊，再構成という力が働」き，これを繰り返しているという。コレクションはイコール図書館ではないが，図書館はコレクションを盛る器と考えれば，これは図書館の歴史についてもあてはまるのではないか。

現在，この国の図書館は，この図書館現象のどこに位置するのだろうか，と考えてみてもよいし，自館のこととしてこれを考えてもよいであろう。仮に「無視，破壊」状況の渦中にあるとする。そうすると，いま必要なのは「再構成」への道をさぐることになる。

② 誰のための「図書館史」

どのように図書館史を学ぶかということについてはすでに述べたが，重要なことは「図書館史」を批判的に読むことである。これはどういうことかというと，現在の自分の仕事を相対的に見てみることであり，社会のなかの図書館の役割を考えてみることである。と同時に現在の図書館のあり方を，歴史のなかに置いてみたり，そのようにして自分がいる位置

から全体を俯瞰してみることである。そうすることで、現在の図書館のあり方、自らの仕事の妥当性を検討することができるのではないか。

歴史的に思考するということは、自分の仕事であるとか、そこで働いていることについて、思い込みのようなものを排し、自己を客観視する方法のひとつでもあると思われる。また、図書館史を叙述する方法として通史（近現代の公共図書館の通史をいう）と個別研究史がある。ここではこれ以上ふれないが、参考のために宮地正人の主張を見ておこう（宮地正人『通史の方法：岩波シリーズ日本近現代史批判』名著刊行会、2010）。

> 危機に直面し、未来を切り開こうとする時代には、つねに過去が求められる。……歴史認識を求める国民・市民にとって、過去を尋ねる際の第一の手掛りが研究者による通史叙述なのである。

ここでは本筋の議論には立ち入らないで、いまのわれわれの関心事である図書館の記述に応用してみる。すると、通史の読者には図書館員や図書館を利用する市民が含まれるということに気づく。

さらに「図書館史」にあてはめてみる。「図書館史」は、個別の図書館のことを扱うので、どちらかというと個別研究史と思われがちである。ところが「図書館史」は何十年、あるいは100年といったある程度長い年月について、歴史に対する一貫した考え方を提示することが求められる。そう考えると、「図書館史」も通史の一形態だと言ってよいと思う。

したがって,「図書館史」を叙述しようとするとき,その読者はまずは市民ということになる。書き手となる図書館員にはそのことを想定しておく必要がある。つまり書き手である図書館員は,図書館史に関する通説を十分理解した上で,正確で,わかりやすく叙述することが求められる,ということになるだろう。

### ③ 未来からのまなざし

現在は,過去から未来へ移行する時間のある一点であり,私たちは,現在の置かれた状況のなかで最善の努力をすることが求められている。そこでいま描きうる事実を叙述することこそが歴史を書く行為となるだろう。私たちは,いずれにしても,未来からの「評価」にさらされることから逃れることはできない。であるならば,それに耐えうるサービスを心がけねばならないし,そうした時間のなかに位置していることを強く認識することが重要だということになろう。これは歴史を学ぶ意義についても,「図書館史」などを編む行為にも通じるのではないだろうか。

「図書館史」を作成するということは,どういうことかを考えてきた。歴史認識をもち,資料を解釈し批判,評価をすること。批判したり通史を叙述するには責任を伴う。そうではあっても,歴史を書くという行為は,自らを問うことであり,図書館員にとっては将来の図書館に対して負うべき責務というべきものであると考えたい。

## 7.2 図書館年表編

　第1章の「付記」にも述べたが，図書館史研究の際には，必ずといってよいほど年表を作成する。それは作業の一環としてであり，研究論文の成果の陰に隠れて，陽の目を見ることは多くはないが，事実を積み上げ，事象の因果関係を解くためには必須のアイテムであることには変わりはない。「図書館史」の場合，多くは掲載されている。なかには掲載されていないものもあるが，読者にとって年表は索引の代わりにもなるため，作成されるべきであろう。

　ここでは，まずはこれまでの「図書館年表論」を整理しておく。次に「年表」作成の意義，方法について順に検討してみたい。

### (1) 「図書館年表」論について
　本格的な「図書館年表論」には，天野敬太郎の論文がある。石井敦，坂本龍三の論考は，本格的な年表論といえるものではないが，年表作成の意義を検討するために参考になると思われるので紹介しておく。

### ① 天野敬太郎「図書館年表の研究」について
　天野敬太郎に「図書館年表の研究」がある（『図書館界』26巻2号，1974.7，後に『書誌索引論考』日外アソシエーツ，1979）。これは図書館年表論としてはほとんど唯一の著作で，この前にも後にも図書館年表を正面から論じたものはない。

　天野は，ここで当時の代表的な図書館年表をとりあげ，それぞれについて，10項目にわたって検討する。その項目は，

①採録国別,②収録期間,③記事の精粗,④区分,⑤記載事項,⑥関連表示,⑦年表の位置,⑧索引,⑨欧文の取り扱い,⑩その他である。これらを比較検討し「索引付き」であること,主要文献を記載することが重要だと述べる。田村盛一「日本圕史並ニ関係事項年代記」『圕研究』(5巻1号-6巻2号,1932.4-1933.5) が,いずれの条件をも充たしている,とされる (田村の年表は,『日本図書館史年表:弥生時代～1959年』(金沢文圃閣, 2012) に収録)。

天野の年表に対する考え方をまとめると次のとおり。第1,年表の合集を作成する際や,厖大な年表の場合,検索ができるよう索引を付加すべきこと。第2,一般年表のほかに,必要に応じて「特殊事項」(たとえば目録,分類,参考事務など) の年表を作成すべきこと。第3,図書館事項についてのさらなる研究のための道標として典拠文献を示すこと。

② **石井敦「『図書館年表論』に関する覚書」の紹介**

石井敦の代表的な著作に『日本近代公共図書館史の研究』(日本図書館協会, 1972) がある。この本は論文集であるが,このほか文献目録,統計,年表によって構成されている。これらは図書館史研究のベースと位置づけられていたと思われる。また,石井は,『図書館ハンドブック』(日本図書館協会)の改訂版 (1960) から第5版 (1990) まで「年表」を執筆している。この年表の完成度の高さは,石井の図書館史研究の成果といえる。

石井は「図書館年表論」について,まとまった考えをもっていたようだが,残念ながらそれをまとめる機会には恵まれなかった。2005年7月に有志で「年表を考える会」という

集まりをもったときの話が「『図書館年表論』に関する覚書」で，『図書館文化史研究』（28号，2011.9）に所収されている。そこでは次のことが検討されている。第1，「図書館年表」では図書館史研究に取り組む姿勢が問われる。とりわけ目的，問題意識をもつことが重要。第2，材料をどこに求めるか，工夫，開拓の余地がある。そのためには資料を幅広く探索することが求められる。第3，これから年表を作成する際には，サービスの変遷などを表現することが課題となる。

　石井は，図書館史研究をする際には，どんな研究であっても自分なりに独自の年表を作成するのではないかと話し，資料から歴史的な事実を引き写し，それらを集積していく基礎的な作業の過程に年表作成が位置づけられることを述べている。そして，年表には，作成者の歴史観があらわれると指摘する。

　図書館史研究に取り組むとき，一連の作業のなかで研究の方向性を模索することになるが，石井の指摘によれば，年表作成もそのなかの重要な過程ということになる。

### ③　坂本龍三の「図書館年表」観

　坂本龍三は，1970年代に「日本図書館史年表稿：北海道図書館史研究のために」を「近代篇・1」「近代篇・2（昭和・1）」の2回に分けて発表している（『図書館学会年報』17巻2号，1972.2，18巻2号，1972.9）。この「年表」には，「わたくしの北海道図書館史研究の過程におけるメモ」であると断った上で，「一次資料への遡及調査が不充分」だと反省の弁を付記している。それでも事実の特定のため，参照する文献の多くを「一次資料」に当たり，検証作業を行っている。

項目には，サービス導入などに加え，図書館用品，整理技術，書誌学，出版文化などが記され，また，「図書館学研究文献のほか読書法に関する主要な文献」などがあげられている。「これによってこの時期の図書館学研究の歩みを示した」と説明され，こうした課題について明らかにしていくことの必要性が提起されている。

　坂本は，地方図書館史研究を単に一地域の情報の整理に終わらせることなく，この年表作成によって，地方図書館の歩みが，日本全体のなかに正当に位置づけられることを検証したのではないか。

　その後，坂本は，谷口一弘，藤島隆とともに『年表・北海道の図書館：1837〜1991　付・北海道図書館史研究文献目録』（北の文庫，1992）を作成した。この年表について，石井敦はその特徴を，第1にこれまでの研究成果を『年表』のかたちで集大成したこと，第2に全道の動きを総合的に鳥瞰できること，第3にほとんどの記載事項にその典拠資料を明示したことをあげ，高く評価した（同書「序」）。

　この「年表」編集の経緯については，日本図書館協会が100周年を記念して出版した『近代日本図書館の歩み　地方篇』（1992）の「北海道」を，坂本，谷口，藤島で分担執筆したが，十分ではなかったため，収録項目の再検討，各事項ごとに典拠文献を明記するなどの改訂作業を行ったことが同書で明らかにされている。

## (2)　「図書館年表」作成の前に

　実際に図書館年表を作成するときに，まずはどのようなイメージをもっているのだろうか。それを現実化させていくに

はどうしたらよいかを考えてみたい。

① 年表作成に着手する前に考えるべきこと

　図書館界では、これまでに数多くの年表が作成されてきた。年表が単独で作成される場合には、作品としての独立性が求められる。図書館史本体の附録、あるいは資料の一部として掲載されるものが数としては圧倒的に多く、そうした場合には、本文との整合性や索引的な機能を果たせるかどうかが期待される。ところが、年表は、事実を列挙すればそれで成立すると一般的には考えられてはいないだろうか。たしかに項目を整理して時系列に配列すれば、最低限年表の形態は整う。しかし、それだけでは単なる添え物にすぎない。

　では、年表の多くが附録としての位置づけしか与えられないなかで、独創性を高めることはできるのだろうか。たとえば、年表の事項と本文と対応しているかどうか。年表自体の記述に矛盾がないか。本文中の重要事項が年表から欠落していないかなどは、校正の範疇ともいえるが、これだけを確認するだけでも本文と年表との関係は改善され、年表を読むことで本文のおおよその内容をうかがい知ることができる。少なくとも単なる付け足しではなくなるであろう。

　年表の特性を最大限活用するためにも、できれば図書館史本文の検討とともに、あるいはそれに先がけて、年表の作成に着手したい。先に、石井の年表についての考えを紹介したが、図書館史研究の際に、研究者が多くの場合何らかのかたちの年表を手もとに置いて作業を進めるのは、事実の誤認を防ぐ意味もあるが、それ以上に項目間の影響関係であるとか、因果関係などさまざまな要因を読みとろうとするためである。

## ② 年表作成のための準備

　図書館で年表を作成するとき，すでに作成された年表がある場合には，それ以降現在までの年数分を追録することが多いようである。もちろん全面的に改訂することもあり，それぞれの館の方針次第というのが実情のようだ。一方，それまでの蓄積がない場合は，すべて一から作業をしなければならないことになる。これは図書館史を作成するときもそうであるが，少なくとも数年前から企画を立て，準備に時間をかける必要がある。

　まずは，はじめて年表を作成する場合を想定してみよう。「図書館史」の場合は，自館の項目が最も重要であることは言うまでもない。自館の資料に基づいてさまざまな事項を採録，整理して，項目の候補をリストアップする。したがって，年表作成の前には，資料などを整理して，そのなかから項目を選択する作業ができる状況を作っておくことが必要になる。そして，その事項に誤りがないかを検証するために調査を行う。つまり，年表の作成作業は，とくに準備段階では，「図書館史」を作成することと大きく変わらない。

　次に当該館の周辺地域，県立であれば県内の図書館ということになるが，これらについてどの程度記述の対象とするのかを検討することになる。項目を種類ごとにまとめて，他の事項と区別し，「図書館／一般事項」のように欄を区切ることがある（柱立て）。

　自館以外の項目は，既刊の年表などから項目を取捨選択することが多い。これらについても項目の選び方は，当該館の判断になる。そもそも年表は，スペースが限られ，また，ページ単位で内容を構成しなければならないことが多く，記述

にはある程度は妥協を強いられることになる。

### ③　年表作成の意義と課題

　図書館年表を作成する意義と課題は，図書館史を作成する際に検討すべきことと同じと考えてよい。年表を単なる事実の列挙に終わらせないようにするためには，準備したことがどの程度実現できるかは別にして，検討しておかなければならないことは少なくない。

　第1，図書館がどのようにつくられてきたのか。図書館設立までの経緯，活動の広がり，地域，あるいは他館との影響関係などが明らかにされているか。第2，図書館で実施されたサービスの移り変わりなどが表現されているか。これは貸出方法の変遷であるとか，特徴的なサービスなどがいつ，どのようなかたちで取り入れられ，変化してきたのか，というようなことである。第3，図書館員の努力の蹟が表現されているか。サービスの開始・改善などに図書館員がどうかかわったのか，を表現することはむずかしいが，図書館建築，施設・設備の拡充であったり，分類，目録の変更には図書館員が関係しているであろう。図書館用品の導入（購入），変更などにも，さまざまなかたちで関与していると思われる。

　以上の3点がとくに重要だということではなく，ここにあげたのは例にすぎない。個々の図書館で検討されるべきことだと思われる。これもたとえばの話だが，図書館と利用者との関係についてはどうか。図書館員と住民による図書館づくりによって図書館が設置されたり，サービスなどが改善されたりしたところは少なくないはずで，それらが記録されているかについてもチェックしておく必要がある。図書館史ある

いは年表を作成しようとする図書館の，現時点における研究・調査の成果が反映されているかが問われることになる。

④ モデルをさがし，作成方法を検討する

年表の作成について，見通しを立てて，方向性を見出す方法は，基本的には図書館史と変わらないので，ここではどのようなスタイルがあるのかを示しておく。形態の上では，単独の年表か，附録扱いかに分かれる。前者は，とくに名称が定まっているわけではないが，次のような年表がある。

・総合年表

　図書館全体を対象に編集された年表。奥泉和久編著『近代日本公共図書館年表：1867〜2005』（日本図書館協会，2009）など。

・図書館団体年表

　図書館協会，学会・研究会などを対象とする。『日本図書館協会 80 年史年表：1892-1971』（日本図書館協会，1971）など。

・地方図書館年表

　特定の地域単位で編集された年表。『神奈川県図書館年表：1978〜1998』（神奈川県図書館協会，1998）など。

・個別図書館年表

　個別の図書館単位で編集された年表。青森県立図書館編『青森県立図書館史年表：五十年記念』（青森県図書館協会，1978）など

　後者は，附録扱いとしたが，「資料編」などとして図書館史の本文に付載されている年表のことで，この方法は個別図書館史の多くに採用されている。

## (3) 「図書館年表」作成の方法について

　ここでは，これまでに述べてきたことを実際に作成するときの作業について整理しておく。図書館年表が，単独の著作物として刊行される場合は，目的意識，図書館史研究に対する姿勢だけでなく，企画，構成力なども問われる。附録扱いの年表の場合にはこうした検討がなされなくてもよいか，というとそうではなく，規模が違うだけで年表の内容を充実させるためには大きさは関係ない。

　以下に，年表について，何を，どのように，何によって，どう表現するのか，という作業のそれぞれについて検討を加える。

### ①　構成について

　年表が単独である場合，本文に付される場合，それぞれ役割，位置づけが異なり，全体をどのように構成するか，必要になる。

### ◇「欄」（柱立て）の設定

　年表の大きさによって，表現する領域は一様ではない。当該館の歴史のほかに，県内，図書館界の動向，さらには一般事項を必要に応じて準備することになる。そのような場合には，項目間の関連性がわかるようにする。

### ◇時代（時期）区分

　一般の年表でも時代（時期）区分をしているものは多くないが，読者の便をはかるために，時期を区切って解説文などを挿入することも検討するとよいのではないか。

◇写真,図版,コラムなど

　時代を視覚的にとらえることは,歴史を理解する上での助けになる。写真,図版などを準備しておくことに越したことはないが,これらはどのくらいの紙面が確保できるかによる。「コラム」では,項目によって表現したことを補強する。

② 項目採録の方針など

　項目を採録する基準や収録範囲,網羅性については次のとおり。

◇選択基準の設定

　「項目」に何を盛り込むべきか。もしくは,選ばないか,との単純ではあるが,やっかいな課題に取り組まなければならない。歴史的事実を「正当」に評価をするという基本的な作業とともに。だが,それが,どこまで可能か。基準はあったほうがよいが,実際に着手してみると相当のむずかしさがあることに気づく。全体の構成のなかで大きな矛盾が生じないようにバランスをはかることになろう。項目には次のような事項がある。
・図書館の設立・開館（図書館がどのようにつくられてきたのか,図書館活動の広がり,影響関係など）
・施設・設備や図書館用品,整理業務など（標準化,規格化,コンピュータの導入など）
・サービスの変遷（貸出方法,閲覧方式,開館時間,広域化,相互利用など）
・児童サービス,障害者サービス,レファレンスサービスなどの個別サービス史

- 図書館運動（教育会，青年会，文庫活動など）
- 図書館法規，図書館の自由，図書館用品などの関連事項
- 図書館関係図書・雑誌，論文などの著作物
- 「図書館報」，「図書館協会（協議会）報」など図書館，図書館関係団体の発行物
- 図書館人・関係者，図書館団体など
- 図書館と利用者との関係（図書館員と住民による図書館づくりなど）
- 図書館史，図書館学史など

「年表」を作成する際にむずかしいのは，コレクション形成（○○文庫など，コレクションの収集時期を特定しにくい），図書館建築史（現代建築についての評価にかかわるため），旧植民地（図書館の欄を「別立て」にする必要があるか）などである。多くの場合は，これらの重要性を認識しつつも割愛せざるを得ないことが多いように思われる。項目の取捨選択の方針を，凡例に記しておく方法もある。

◇**収録範囲**

どの時代・時期までを収録するかを決定する。現代については，項目数（分量）が多い割に，歴史的な重要度が高いとは一般的には考えない。これは現代の動向については評価が定まっていないことが大きな理由であろう。とは言え「図書館史」を作成する際は，近年まで，場合によっては刊行年までの事項を収録する必要に迫られる。このようなときは，評価は度外視して事実を列挙するだけでも年表の役割は果たせるのではないか。

テーマとする館種以外の事項を収録することによって，内容の充実をはかることができる。公共図書館の場合には，大

学，学校，国立，専門といった館種別の図書館と何らかの交流を行っていることが少なくないはずである。また，情報システムや情報サービスに関連する事柄，図書館界の動向などを収め，それぞれの関係についても考慮したい。

◇**網羅性について**

総合年表のような場合には，図書館を網羅的に記述の対象とするかどうかが課題となる。公共図書館や大学図書館など館種を問わず，比較的広範囲に対象を広げる場合に，何らかのかたちで生じる問題であり，そうしたときには網羅性を重んじるか，それともおおよその傾向，変化などの状況を表現するかを決めておくとよい。現存する館，資料が入手しやすい館，活動がよく知られている，などによって記述が左右するのは，ある程度はやむを得ないのではないだろうか。

③ **方法や手順**

次に年表を作成する方法や手順について検討する。

◇**表記方法の統一**

表記を統一すると，索引作成が容易になり，混乱も防げる。だが，かえって歴史性を損なうことになる場合もある。一方，表記を統一せず，資料に掲載されているとおりの用語を用いると，読者が理解しにくいことが考えられ，索引を付す際にも煩雑になる。

たとえば，資料に「開架」だけと記述があるとき，それだけでは「安全開架」か「自由開架」かが明確ではない。これらは区別して表記されるべきであるが，必ずしも元の資料に差異を判断できる記述がされているとは限らない。そのよう

なときは資料に掲載されたとおりを記すなどルールを定め，それを凡例に記しておくとよい。

◇**時期によって用語の意味するところが異なることも**

　一般的に，読書運動，読書会は，戦前においては，国民強化を目的に，敗戦直後は，民主化運動の一環として行われたとされる。活動内容が類似していても，そのときどきで活動の趣旨などが異なることがある。それを年表の上だけで内容を区別することはむずかしい。ひとつの項目ですべてを表現することには限界があるので，関連する事項を収録し，それらとの関連するなかで歴史的な動向を表現するなど，工夫してみてはどうか。

◇**資料収集・選択の方法**

　資料を網羅的に探索することには限界がある。しかし，公共図書館であれば『図書館雑誌』，『みんなの図書館』などの代表的な雑誌については，できるだけ目をとおしたい。また，「図書館報」「図書館協会（協議会）報」「図書館要覧」などは可能な限り通読（通覧）し，項目化できるかを検討する。

　地方（郷土）史は，図書館史の基本資料である。当該館の所在地の県史，市町村史などは，くまなく目をとおす必要がある。第1段階では，図書館に関する事項は網羅的に収集し，第2段階で取捨選択する，といったように，複数回目をとおしたい。項目を収集する作業を重ねるにしたがって，問題意識が重層化され，資料の読み方に変化が生じることは少なくない。

◇**大図書館も，中小の図書館も**

　県立図書館史など大規模館の「図書館史」は多く見受けられるが，中小図書館についてはまだこれからなのではないか。

これまでは，まだ図書館ができてからの年数が及ばない，などの理由があったのかもしれない。しかし，これからは創立100周年を迎える図書館で数多くあらわれるはず。50年でも，何十年でもかまわない。そうした機会に「図書館史」を作成したい。財政の問題やどの程度頒布するのか，といったことも検討すべき課題ではあろう。図書館によっては十分な資料がないところもあるかもしれないが，それでもさまざまな方法によって資料を発掘し，自らの図書館史を記述することで，図書館の歴史は大きく塗り替えられることになるかもしれない。そのことは図書館年表にも反映されるはずである。

④ **典拠文献について**

典拠文献を特定する必要について検討する。

◇**典拠文献の選択について**

先に紹介したが，『年表・北海道の図書館』は，『函館図書館年報』などの一次的資料（ここでは，文書などに限定しない）を典拠にしている。

「図書館史」を作成する場合は，自館の歴史については資料を発掘し，できるだけ一次的資料を根拠としたい。ただ，全国的な動向や関係する地域の資料収集には限界があり，そうしたときは二次的な資料に依拠せざるを得ない。

◇**典拠文献明示について**

「年表」に項目を記すことは，事実を特定することである。だが，項目のなかには資料によって異同がある場合も少なくない。年表ではいずれかの説をとり，それ以外の説を採用しないことになる。このようなとき典拠文献を明示することで，

いかなる資料に拠ったのかを明らかにすることができる。
「図書館史」で典拠文献を明示する例はあまり見かけないが，
『中之島百年：大阪府立図書館のあゆみ』（大阪府立中之島図書館百周年記念事業実行委員会，2004）の「年表」が典拠文献を明示している。

⑤　索引について

　独立した刊行物である場合は，索引は必須の条件であるが，単独の「図書館史」で索引を付した例を寡聞にして知らない。索引を付す方法には，一括するか，または人名，事項などに分ける方法もある。適宜参照を付すことも検討すべきであろう。

(4)　おわりに

　項目を埋めていけば年表ができるのだろうか。たしかに資料から事項を拾って，年表の上に項目として落としていくことはできる。しかし，それだけでは年表にはならない。

　そうではなく，個々のサービスや歴史的な事象などをもとに，個別の「図書館史」を構成しながら，項目化する作業を進めるべきではないか。たとえば，あるサービスがいつどこでスタートし，いつどこで盛んになり，どのように展開していったのか。そのようなことを考えると，「年表」にもストーリー性が必要なのではないかと考えることがある。

　そのようなことを考えつつ，上のように検討はしてみたものの，現在も年表について確たる考えはまとまっていない。ひとつ言えることは，独立した年表を作成する場合，長い時間を要する。付録の場合はそうでないにしても，同様の労力

は要るのではないか。時代が変わるのは当然だが，また，作成者である自分も変わる。方法の軸は，揺れ動き，バランスを崩したりもする。それを幾度も立て直す忍耐力が年表作成には求められる。

　年表は，レファレンスツールのひとつである。図書館年表ということになれば，図書館員が作成するしかない。それもレファレンスのツールとして利用に耐えるものを。附録であっても役割に差はないはずである。

＊本章「図書館史編」は，「図問研学習会記録　『図書館史』を準備する：あなたの図書館の歩みを残すときに」（『図書館評論』53 号，2012.12）に，大幅に加筆修正したものです。

〔附録1〕
# 次の百年へ向けて

**奥泉和久**

　『鎌倉図書館百年史』(以下「百年史」)の編集に携わってきたもののひとりとして，少々感想めいたことを記しておきます。

　この「百年史」の特徴は，3つあると思います。第1は，図書館の歴史を記述する方法としてオーソドックスなスタイルを選んだこと。第2，将来への展望(最終章－これからの鎌倉図書館)が記されていること。そして，第3に，市民(公募による市民委員)と図書館員とが協働で編集・執筆にあたったことです。

　第1と2は，これだけでは特徴的とはいえないかもしれません。しかし，3点目の市民参加の意義を生かすうえで，重要な意味をもちました。つまりこういうことです。これまでの鎌倉図書館の歩みはどうであったのか，そして，これからの図書館はどうあるべきか，必ずしも十分ではないにせよ，市民と図書館員とが論議する機会を得たことです。これによって図書館の歴史を編む行為が，それにとどまらず，図書館活動の一環としてとりくまれることになりました。

　ところが，市民と図書館員とでは図書館に対する見方が異なることが少なくない。往々にして図書館経営，運営・サービスについての評価が分かれたりもします。それをどうやって合意形成していくのか。そのプロセスはそう簡単ではなかったはずです。

　歴史に向かうときに大切なことは，現在の位置に立って，

過去を再構成してみることです。同時に，現在の実践が将来にいかなる結果をもたらすのか，想像力を働かせることです。歴史的なものの見方とはそういうことだと思います。この「百年史」でそのことを，市民と図書館員が共有できたことは，とても大きな財産となったはずです。

さて，この「百年史」が，将来の鎌倉市民に向けた図書館づくりのメッセージとなっているかどうか。ここから先は読者のみなさまのご判断を仰ぐ次第です。

(『図書館とともだち鎌倉』146 号，2011.8)

〔附録 2〕
## 大阪府立図書館の歩んできた道

奥泉和久

2004 年 2 月，大阪府立図書館創立百周年記念事業の一環として，同館の歴史をまとめた『中之島百年　大阪府立図書館のあゆみ』が刊行された。大阪府立図書館の正史としては，先に，『大阪府立図書館五十年史略』(1953)(以下「五十年史」)があり，これが 50 年ぶりに書き換えられたことになる。

筆者は，大阪府立図書館について，永末十四雄氏が「結局帝国図書館に追随し，またそれに拮抗する近代的な都市施設とする方向を選択していったのである」(『日本公共図書館の形成』(JLA, 1984) と評した印象を同じように持ち，同館には歴史的に解明すべきいくつかの課題があるのではないかと考えている。永末氏が論じたのは，草創期からまもなくして大阪府立図書館にも分館計画が立てられ，府下全域に対するサービス構想が現実化した時期である。それが結果的に本館，

書庫の相次ぐ増築へと向かうことになるのであるが、そのことが同館の住民サービスのあり方を決定づけたのではないか、というものであった。

さて、「五十年史」は「4　本館の発展」において、同館が書庫、本館を相次いで増築したことを機に、参考図書館としての方向性を鮮明にしたと述べる。しかし、「五十年史」では、そのことを「経営面革新」と言うだけで、なぜ大阪がたとえば山口県のように広く府域住民を視野に入れたサービスを展開する方向へと進まなかったのかは明らかにされていない。

これに対し『中之島百年』は、大阪府立図書館館長今井貫一による分館計画案（1911年9月）を紹介し、欧米における図書館視察の調査目的を以下のように記している。

　　1　図書館、通俗図書館、巡回文庫の設備
　　1　児童、少年ノ読物及其遊戯ニ関スル公共施設（以下略）

しかし、帰国後今井は分館計画を撤回し本館の充実をはかる方向を目指す。それはあまりにも欧米とこの国との図書館の落差に衝撃を受けたためだとされ、その結果、今井による「通俗図書館設置計画案」は、大阪市へと移されることになった、と説明される。

ここまで筆者は、大阪府立図書館についてのいわば先入観ともいうべきものにもとづいて、『中之島百年』を見てきたが、本書には「序章を記述するにあたって」と記すなかで「現在の図書館という存在をひとたび相対化し、今一度歴史の流れのなかに図書館のすがたへと達していく過程を写してみる」（序章, p.4）と述べられている。これはたしかに「序章を記述する」ためと限定的に記されたのではあるが、本書

附録………231

の全体に通じるものがあり，この編集方針によって100年の叙述が成されているように思われる。

このことは現在の価値観にもとづいて歴史をとらえるのではなく，ある時代のなかに図書館を位置づけ，事実を丁寧に辿ることで図書館と社会との関係を浮き彫りにしようということのようだ。それはたとえば，商業都市大阪，大阪文化と称えられる独特の風土のなかで大阪図書館が産声をあげ，発足時に数多くの資料を寄贈された経緯のことでもあろう（「第1章，5-草創期の蔵書」，蔵書の内容は「資料編，2　寄贈本一覧」に結集）。これが現在に至る大阪府立図書館の資料形成にも大きく影響し，独自のコレクションを形成する要因ともなり，『大阪本屋仲間記録』(1974-93)翻刻出版を実現させたことともつながっている。

大阪府立図書館の設立については，寄贈者住友吉左衛門が手島精一（当時東京工業学校校長）を介して田中稲城に，欧米における図書館寄附実情の照会を依頼したこと，田中から手島宛ての書簡が掲載され，田中が住友に「図書館創設考案」なるものを示していたことが述べられている。住友がこの田中案を検討し，大阪府に対して図書購入のための準備金などを求めたことも明らかにされる。

また，「第5章　府立図書館サービスの模索」には，1950年代以降の図書館界のなかに大阪府立図書館が位置づけられ，府下へのサービス体制が整備される時期と記される。そのはじめの見出しが「市民生活に根づいた図書館へ」というものである。さらには『難波津』や『大阪府立図書館紀要』など利用者への広報活動がサービスの開示と直結していること，そしてそのために職員の研鑽が不可欠のものとなり研修制度

の確立へと発展していったこと，その延長上にたとえば『大阪府立図書館参考事務必携』という大部のレファレンス・マニュアルが生まれたことなどが紹介される。

　ここでもう一度，筆者の関心に戻る。今井の帰国後，大阪府立図書館が独自の道を歩んだ理由について，帝国図書館が東京にあり関西における帝国図書館の不在のゆえか，は定かではない。だが，大阪に帝国図書館を望む声は，府立図書館設立以前にもあった（内藤湖南「図書館に就て」『大阪朝日新聞』(1900.11.29-30)，竹林熊彦「大阪と第二の官立図書館」『図書館雑誌』(35巻8号　1941.8) から引用）。今井が内藤に，図書館のことを相談していた経緯は『中之島百年』にも記述がある (p.128)。だが，ここでは何のことについて相談したのかまでは記録されていない。大阪府立図書館の行方に影響があったのか，なかったのか興味深いのだが，これ以上は『中之島百年』の守備範囲を超えるのであろうか。

　あとひとつふたつ。大阪府立図書館は有料で開始された。それがいつまでつづいたのか，その間の料金の変遷を一覧できるものは検討されなかっただろうか。つまり無料制についての大阪府立図書館の基本的な考え方。また，書架の公開に関する記述が乏しいように思われた（p.217に「1967年当時の主題別閲覧室の概要」があるが，これ以前についてのこと）。

　最後になったが，『中之島百年』は，歴代館員の努力の結晶と言っても過言ではない。たしかに，長年保存された貴重な史料が図書館の歴史の骨格を成す。そして，『大阪府立図書館紀要』などに蓄積された研鑽の成果がその骨格を縦横に補強する。また，『難波津』の1頁にコラムのように記された記事は，歴史の糸を辿る作業にも匹敵し，あるときはレフ

ァレンスの懐刀にもなる。これらのことは特筆されてよいであろう。要は図書館は，館員の日々の努力によってつくられているのである。

　「第2編　資料編」は歴史的な図書館としての足跡を物語り，巻末の「統計」「年表」「索引」は読者の助けになる。

『中之島百年　大阪府立図書館のあゆみ』大阪府立中之島図書館百
　周年記念事業実行委員会　2004
(『日本図書館文化史研究会ニューズレター』91号，2005.2，p.9-10.)
注：初出時の誤りを訂正しました。

# あとがき

　この本を書くきっかけは、出版委員会委員長の長谷川豊祐さんからのお勧めによります。本についてのお話をうかがったのは、2012年の2月のことでした。すでにこのシリーズには図書館史の本を書いていますので躊躇したのですが、長谷川さんの問題意識は少し別のところにあって、図書館員は図書館の業務全体を見渡せるようにならなければならない、それを自ら習得するには、図書館史がよい、というのです。

　これには伏線があったようです。さらに1年半遡った2010年7月、大学図書館問題研究会神奈川支部の例会（鶴見大学図書館）に、報告者として呼んでいただきました。そのときのテーマが「年表」を題材にして、公共図書館の歴史を俯瞰することでした。図書館の大きな動きをとらえるにはどうしたらよいか、客観的な事実を積み重ねることによって、図書館の本質が見えてくるだろう、というようなことを話したと記憶しています。そのときは、それで済んだと思ったのですが、後で考えると、長谷川さんは、このときすでに図書館業務の最前線にあって、歴史から何を学ぶべきかということについて、情報発信したいとのお考えがあったようです。

　その企画意図に沿ってどのような構成にしたらよいのか、ということと、もうひとつは、この本と同じシリーズの『公共図書館サービス・運動の歴史』とどのような違いを出すのか、との構想に時間を費やし、現行のプランに近づいたのは2013年の春頃になってからでした。

＊

　というわけで，この本には企画に沿って，現在考えていることを述べたつもりですが，もっともここに述べたことは，私が図書館史を学んだ結果考えていることであって，当初からそうしたことを意図していたのかと言われると，そうではありません。とすれば，なぜ私が図書館史に関心をもったのか，ということとそれが現在に至っている理由について，少し述べておいた方がよいかもしれません。

　図書館についてのさしたる明確な目的も，展望もないまま仕事に就いた先が，現在の職場です。そこで感じたことは，図書館に対する無理解でした。理由は簡単です。大学ですから，当然図書館はありました。でも，それだけでした。そこで，私は，なぜ図書館は理解されないのか，別の方法で，この問題を考えてみることにしました。

　何となく思いついたのが，図書館がないところはいくらでもあるけれど，そこに，なぜ図書館などというようなものをつくろうと考える人がいたのか，ということです。それについて検討する材料が図書館史にはありました。自由民権運動，教育会，青年会などの読書施設です。いろいろと調べていくと，もともとは図書館とは無縁の人たちが，図書館の必要性を見いだし，本を持ち寄り，利用しあいながら図書館の原型をつくっていく経過がわかってきます。それ以上に図書館づくりという作業は失敗の連続であるということも。

＊

　では，そのようにして図書館史で学んだことが実践に役に立ったのかというと，図書館史というのは，図書館に関するあらゆることを歴史的に体系化した学問ですから，現場の役に立たないこ

とはひとつもありませんでした。運営方法やサービスもそうですが，利用者への対応にしてもこれまでのことをふまえて，現状を分析し，将来を展望していくわけですから。

　いま，無理解と言いましたが，ひとつだけ例をあげます。長い間，図書館に携わっていれば，それがどんなに小さな図書館であっても，さまざまな問題が生じますし，その内容は多岐にわたります。ときに図書館員は権力と対峙せざるを得ない状況に置かれたりします。もちろん，何の前ぶれもなく，です。そうしたときに，とっさの判断を求められることが幾度かありました。

　具体的なことはここには記しませんが，瞬時の対応を求められたとき必要なのは，図書館員としていかにふるまうか，ということです。文献をとおして多くの図書館人の考え方や実践について学んだことが，一瞬のうちに試されるのです。そこでは私の図書館についての考え方，というよりも，図書館員としての行動規範というようなものが歴史をとおして私のなかに形成されているかどうか，が問われていると感じられました。

*

　いま，何か新しいことをしようとしても，少し調べれば，たいていはそれはどこかで誰かがやったことだ，ということがわかります。だとしたら，そうした経験を生かした方がよいと思います。知らないことを，新しいことと錯覚することは避けるべきです。新しいこと自体に意味があることもありますが，いまなぜ必要か，に対して明確に対応することのほうが大事で，時代や状況が違っても本質はそう大きくは変わらないのではないでしょうか。

　たしかに図書館という現場で仕事をする以上，日常業務に追い回されるのは必然です。性急に結果を求めるあまり，目先のことにとらわれたりすることもあるでしょう。でも，何らかの方法で

自身の行動をチェックすることも必要なのではないでしょうか。図書館において歴史を学ぶということは，そういう自分に対して意識的に距離を置く機会を設けることだと思います。

　図書館とは何か，というようなことについて，ヒントのようなものを得たいとするならば，ときには無駄と思えるほどの時間をかけて，思考が熟成するのを待つくらいの覚悟が要るのではないかと思ったりもします。図書館史がそういうことに答えてくれる学問だということがわかるようになるのは，ずいぶんと後になってからなのですが。

*

　本書の出版にあたり多くの方々のご協力をいただきました。さまざまな場で発表の機会を与えていただいたことがこの本の土台になっています。原稿の転載についてもご配慮をいただきました。そして，このような機会を与えてくださった出版委員会委員長の長谷川さんには終始大変お世話になりました。出版委員の樋渡えみ子さんには，何回も原稿をお読みいただき，丁寧なコメントをいただきました。厚くお礼を申し上げます。最後になりましたが，編集に際しては，本の形になるまで，内池有里さんにご尽力いただきました。お礼を申し上げます。

奥泉　和久

# 事項索引

## 【あ行】

秋岡梧郎 ……………65, 131-132, 142
秋田県立秋田図書館 …………68, 95
朝霞市立図書館 ………………… 113
アメリカ図書館研究調査団 …… 90, 144-145, 148
有山崧 ……… 8, 40-42, 106, 108-109
石井敦 ……7, 9-14, 58-59, 213-217
石井桃子 …… 72, 81, 157-161, 167, 171-172
委託 ………………24, 49, 85, 111, 115
移動図書館 …… 48, 66, 114, 132, 184
伊東平蔵 …… 20, 30-31, 97-99, 150
今井貫一 ……………… 36, 98, 231
今沢慈海 ……………… 64, 100, 137
伊万里市民図書館 ………… 183-184
岩猿敏生 …………………… 7, 144
インターネット …………… 144, 152
内田魯庵 ………………………… 27
浦安市立図書館 ……… 111, 113-114
漆原宏 …………………………… 114
閲覧方式 ………………… 108, 131-132
衛藤利夫 ……………………… 8, 40

NDC　→日本十進分類法
エビデンス ……………………… 19
大阪府立図書館 … 98, 166, 230-233
大田区立洗足池図書館 …… 132-133
大橋図書館 ……… 30, 74, 97, 100, 127-128
大牟田市立図書館 ………17, 107-108
岡山市立図書館 ……………76-77
岡山婦人読書会 ………………… 76
親子読書 ……………… 78, 167-170
親子読書・地域文庫全国連絡会 ……………………………… 168
親子20分間読書運動 … 78, 80, 170

## 【か行】

開架式（閲覧）…… 64, 66, 68, 105, 108, 127, 129-133
科学読物を読む会 ……………… 168
学習運動 ……………………62-63
貸本屋 ……………… 77, 90-92, 159
『学校図書館の手引』………… 38-39
かつら文庫 …………………72, 159
家庭文庫研究会 …………… 158, 160

加藤宗厚 ……………………… 37-39
叶沢清介 ……………………… 77, 79
上郷青年会図書館 ……………… 65
河井弘志 ……………………… 7, 14
川島恭子 ……………………… 174
川本宇之介 …………………… 34
関西文庫協会 ………………… 26
関東大震災 ……… 27, 29, 36, 74, 101, 103-104, 128, 131, 138
教育会図書館 ………………… 59
行政支援サービス …………… 150
行政資料 ……………………… 150
業務委託　→委託
久保七郎 ……… 105, 130-131, 162, 164-165
久保田彦穂（椋鳩十） …… 80, 168
検閲 …………………………… 54
県立図書館 … 45, 48, 57, 81, 110, 118
「格子なき図書館」 …………… 131
江東区立深川図書館 … 17, 142, 192, 202
高度経済成長 ………… 24, 161, 173
神戸市立図書館 ……… 126, 139-142
公立書籍館 …………………… 94
「公立図書館の設置及び運営上の望ましい基準」 …… 84-85, 87, 179
「公立図書館の任務と目標」 …… 84
高齢者 ………………… 87, 119-120
高齢社会 ……………………… 120
高齢者と図書館 ……………… 120
郡山市図書館 ……………… 111-112

小河内芳子 …………………… 71-72
『子どもの図書館』 ………… 81, 157, 159-161, 172
子ども文庫　→文庫活動

【さ行】
最低基準 ……………………… 84
斎藤尚吾 ……………… 161, 168-171
佐賀図書館 …………………… 99
坂本龍三 …… 2, 20, 213, 215-216
佐野友三郎 …… 8, 30, 32-33, 68-69, 129
三多摩レファレンス探検隊 …… 151
滋賀県の図書館振興策 …… 48-49, 57, 87
司書 ………………… 24, 54, 114
司書資格 ……………… 143, 180
司書職制度 … 46, 53, 85, 143, 180, 186
志智嘉九郎 …………… 8, 140-142
実業図書館（図書室） …… 134-138
指定管理者制度 …… 24, 49, 86, 185
児童サービス ……… 13, 68-72, 82
児童室（児童図書館） …70-73, 104, 129, 158-159
自動車図書館 ………… 82, 109-110, 114, 162, 164-166
児童図書館研究会 …………… 71, 158
清水正三 ……… 9, 44, 65-66, 90, 145
『市民の図書館』 …… 82, 85, 115-116, 177

住民運動……………………… 14, 178
自由民権運動 ……………… 59-62, 94
巡回文庫…… 28, 33, 64, 98-99, 231
障害者を持つ人へのサービス
　………………………………… 120, 181
情報サービス …… 123, 150, 152-153, 224
書肆………………………………… 27, 92, 94
『市立図書館　その機能とあり方』
　……………………………………………… 109
『市立図書館と其事業』…… 21, 100
市立函館図書館 ………… 20, 101, 103
知る自由　→知的自由
新聞閲覧室……………………………… 95
新聞縦覧所………… 60, 92-95, 104
菅原峻…………… 178, 183-184, 195
青年会図書館………………………… 64-65
青年図書館員聯盟 …………… 36-37
全国図書館大会………26, 29, 31, 33, 38, 42-43, 51, 53, 71, 107, 141, 156
選書………………………………………52, 65

【た行】
大日本教育会附属書籍館 ……… 61, 68, 96
竹貫直人………………………………69-70
竹内善作…………………………………… 75
田所糧助…………………………… 135-136
田中稲城……………… 25-26, 32, 232
地域活動………… 170, 175-176, 181
地域資料……………………………………150

地域文庫……………… 161-164, 168
知的自由 … 50-51, 117, 174, 183, 186
『中小都市における公共図書館の運営』 ……… 9-12, 19, 50, 82, 85, 87, 106-109, 115-116, 156, 177
「中小レポート」　→『中小都市における公共図書館の運営』
調布市立図書館…………… 115, 152
坪谷善四郎………………… 20, 97, 127
帝国図書館 ……… 29, 34, 43, 97-98, 100, 124, 230, 233
東京子ども図書館 ………… 72, 160
東京市立京橋図書館 … 105, 130-131, 138
東京市立日比谷図書館 ………… 70, 73, 97, 99-100, 104-105, 125-126
東京市立深川図書館 …… 66, 74, 130
「東京都公共図書館の現状と問題点 1963」 ……………………………… 46
東京都公立図書館長協議会（東公図）……………… 44, 46-47, 143
東京都の図書館振興策 ……… 44-47
「東京都立図書館の整備充実計画」
　……………………………………………… 47
『東壁』………………………………26-27
同盟貸附………………………………… 125
読書運動……… 48, 78-81, 106-107, 167-170
読書会……………………… 77, 81, 106
図書館員の専門性 ………… 72, 171
「図書館員の倫理綱領」 … 50, 52-54

事項索引………241

図書館員養成 ……………30-34
図書館運動 …… 11, 13, 27, 29, 57-59, 61, 78, 174, 196
図書館法改正運動 ……………… 42
『図書館管理法』………………… 28
図書館記念日 ………………42-43
図書館協議会 … 18, 49, 112, 114, 182, 184-186
図書館計画 …… 96-98, 113, 177-180
図書館建築 …………… 102, 143, 219
『図書館雑誌』…… 26-27, 29, 32, 36, 40, 42-43, 225
図書館史研究会 …………………4
　→：日本図書館文化史研究会
図書館事項講習会 ……… 30-31, 33
図書館実践 ………… 3, 8, 12, 14, 17
『図書館小識』………………… 28
図書館振興対策プロジェクトチーム
　……………………………45, 47
「図書館政策の課題と対策」… 45, 47
図書館長の司書資格（有資格館長）
　………………………… 47, 165, 185
図書館づくり運動 …… 58, 113, 166, 169-170, 172, 174, 178, 182, 184, 186
図書館友の会 …………… 185-186
図書館友の会全国連絡会 ………186
図書館年表 …………………213-228
「図書館の自由に関する宣言」
　……………………………43, 51
「図書館の自由に関する宣言1979年改訂」………… 50-51, 166
図書館白書 ……………… 42, 116
図書館法 …… 41-43, 54, 84, 163, 165, 184-185
図書館問題研究会 ……… 9, 43, 193
図書館令 ………………………… 28
図書相談票 ……………………126
図書の選択　→選書
図書問答用箋 …………………125
『トピック』……………… 127-128

【な行】

中井正一 ………………… 8, 41
名古屋公衆図書館 ………… 134-137
浪江虔 ………………… 109, 162-164
日本親子読書センター …… 167-171
日本件名標目表 ………………… 37
日本子どもの本研究会 …… 167-168
日本十進分類法 ……… 35, 37-39, 112-113
日本図書館協会 ……5, 28, 30, 33, 36, 40, 52, 71, 81, 106, 141, 216
　―施設委員会 ………………133
日本図書館文化史研究会 …… 4-6, 8-9, 203
『日本の参考図書』………… 145-148
日本文庫協会 …… 25-27, 30, 35, 97
日本目録規則 ………………37-38
「望ましい基準」　→「公立図書館の設置及び運営上の望ましい基準」
乗杉嘉寿…………………… 33

## 【は行】

八戸市立図書館 …………………133
母親… 75, 78-82, 156-163, 167-174, 178
母と子の20分間読書運動……… 78, 170
BM →自動車図書館
東近江市立八日市図書館 →八日市市立図書館
東村山市立図書館 ………… 165, 185
東大和市立図書館事件 ………… 52
PTA母親文庫 …………………77-79
日野市立図書館 ……82, 106, 109-111, 117, 150
　—市政図書室 ………………… 150
日比谷図書館 →東京市立日比谷図書館
表現の自由 ……………………… 51
広場としての図書館 ……… 114, 119
福田なをみ ………… 145-147, 158
藤野幸雄 ……………………… 7, 148
婦人室（婦人閲覧室）… 64, 73-76
船橋市西図書館蔵書廃棄事件
　………………………………52, 54
プライバシー保護 ………… 166, 186
文庫活動 …… 72, 159-176, 180-181
本のある広場 ………………… 119

## 【ま行】

前川恒雄 …………………………109

## 

町田市立図書館 ……………163-164
間宮不二雄 ……………… 21, 35-36
民間委託 →委託
民衆運動 ……………………… 58-59
椋鳩十 →久保田彦穂
村岡花子 ……………………157-158
無料……… 26, 28, 42, 70-71, 93-94, 100, 102, 181, 186, 233
森博……… 44, 66-67, 109, 146-148, 156
問答板 …………………… 124-125
文部省図書館員教習所 ………… 34

## 【や行】

山口県立山口図書館 …… 28, 32, 38, 68, 73, 95, 129, 150
　—図書抜き取り事件 … 50-51, 53
八日市市立図書館 … 17-18, 117-118
予約 ………………… 128, 140, 152

## 【ら・わ行】

リクエスト …………………… 117
利用案内 ……………………… 127
歴史認識 ………… 3, 15, 20, 211, 212
レファレンスサービス ……… 8, 57, 82, 90, 116, 123-126, 128, 139-143, 145, 147, 151-153
和田万吉 …………………… 27, 29

## ●図版出典一覧

　ページ数，タイトル，出典の順に掲載。所蔵者等の敬称は略した。
　出典のタイトルで『日本図書館協会の百年（1892〜1992）』（日本図書館協会　1992）は，『協会の百年』と略記した。

27　『東壁』創刊号　関西文庫協会　1901.4
31　第1回図書館事項講習会　『協会の百年』
39　『学校図書館の手引』文部省　1948
60　「学芸講談会盟約」　あきる野市図書館所蔵，深沢家文書
65　上郷青年会図書館の図書部員たち（1938年頃）　是枝英子『知恵の樹を育てる：信州上郷図書館物語』大月書店　1983（写真は，飯田市立中央図書館所蔵）
70　竹貫少年図書館　『少年世界』13巻9号　1907
75　東京市立深川図書館婦人室　『深川図書館100年のあゆみ』江東区教育委員会　2009
79　PTA母親文庫　『協会の百年』
99　創立当初の佐賀図書館　『佐賀県立図書館60年のあゆみ』佐賀県立図書館　1973
110　『市立図書館　その機能とあり方』日本図書館協会　1965
115　漆原宏『地域に育つくらしの中の図書館：漆原宏写真集』ほるぷ出版　1983
126　神戸市立図書館閲覧室　『協会の百年』
138　東京市立京橋図書館実業図書室　『中央区立京橋図書館実業図書室案内』（リーフレット）
145　アメリカ図書館研究調査団　福田なをみ「アメリカの図書館見たまま」『国際文化会館会報』4号　1960.1

159　石井桃子とかつら文庫　『かつら文庫の50年：石井桃子さんがはじめた小さな子ども図書室』東京子ども図書館　2008（別冊こどもとしょかん）

169　『親子読書運動』第8号　日本親子読書センター　1974

179　『図書館をもっと身近に暮らしの中に　仙台にもっと図書館をつくる会図書館構想』仙台にもっと図書館をつくる会　1985

## ●著者紹介

奥泉　和久（おくいずみ　かずひさ）

1950 年　東京都に生まれる
1975 年　成蹊大学文学部卒業
1979 年　鶴見大学司書講習修了
同　年　横浜女子短期大学に就職
1983 年　同図書館，現在に至る
1998 年　法政大学非常勤講師，現在に至る
著　書　『公共図書館サービス・運動の歴史　1・2』日本図書
　　　　館協会　2006（共著），『近代日本公共図書館年表
　　　　1867〜2005』日本図書館協会　2009　など
日本図書館情報学会，日本図書館研究会，日本図書館文化史研究会，日本図書館協会，としょかん・文庫友の会会員

視覚障害者その他活字のままではこの本を利用できない人のために，日本図書館協会及び著者に届け出る事を条件に音声訳（録音図書）及び拡大写本，電子図書（パソコンなど利用して読む図書）の製作を認めます。但し，営利を目的とする場合は除きます。

EYE LOVE EYE

◆JLA 図書館実践シリーズ　24
# 図書館史の書き方・学び方
図書館の現在と明日を考えるために

2014 年 6 月 20 日　　　初版第 1 刷発行 ©

定価：本体 1900 円（税別）

著　者：奥泉和久
発行者：公益社団法人　日本図書館協会
　　　　〒 104-0033　東京都中央区新川 1-11-14
　　　　Tel 03-3523-0811 ㈹　Fax 03-3523-0841
デザイン：笠井亞子
印刷所：藤原印刷株式会社
Printed in Japan
JLA201404　　　ISBN978-4-8204-1402-5
本文の用紙は中性紙を使用しています。

# JLA 図書館実践シリーズ 刊行にあたって

　日本図書館協会出版委員会が「図書館員選書」を企画して20年あまりが経過した。図書館学研究の入門と図書館現場での実践の手引きとして，図書館関係者の座右の書を目指して刊行されてきた。

　しかし，新世紀を迎え数年を経た現在，本格的な情報化社会の到来をはじめとして，大きく社会が変化するとともに，図書館に求められるサービスも新たな展開を必要としている。市民の求める新たな要求に対応していくために，従来の枠に納まらない新たな理論構築と，先進的な図書館の実践成果を踏まえた，市民と図書館員のための出版物が待たれている。

　そこで，新シリーズとして，「JLA 図書館実践シリーズ」をスタートさせることとなった。図書館の発展と変化する時代に即応しつつ，図書館をより一層市民のものとしていくためのシリーズ企画であり，図書館にかかわり意欲的に研究，実践を積み重ねている人々の力が出版事業に生かされることを望みたい。

　また，新世紀の図書館学への導入の書として，市民の図書館利用を啓発する書として，図書館員の仕事の創意や疑問に答えうる書として，図書館にかかわる内外の人々に支持されていくことを切望するものである。

2004年7月20日
日本図書館協会出版委員会
委員長　松島　茂

図書館員と図書館を知りたい人たちのための新シリーズ！

# JLA図書館実践シリーズ 既刊20冊，好評発売中

（価格は本体価格）

1. **実践型レファレンスサービス入門 補訂版**
   斎藤文男・藤村せつ子著／203p／1800円

2. **多文化サービス入門**
   日本図書館協会多文化サービス研究委員会編／198p／1800円

3. **図書館のための個人情報保護ガイドブック**
   藤倉恵一著／149p／1600円

4. **公共図書館サービス・運動の歴史 1** そのルーツから戦後にかけて
   小川徹ほか著／266p／2100円

5. **公共図書館サービス・運動の歴史 2** 戦後の出発から現代まで
   小川徹ほか著／275p／2000円

6. **公共図書館員のための消費者健康情報提供ガイド**
   ケニヨン・カシーニ著／野添篤毅監訳／262p／2000円

7. **インターネットで文献探索 2013年版**
   伊藤民雄著／197p／1800円

8. **図書館を育てた人々 イギリス篇**
   藤野幸雄・藤野寛之著／304p／2000円

9. **公共図書館の自己評価入門**
   神奈川県図書館協会図書館評価特別委員会編／152p／1600円

10. **図書館長の仕事** 「本のある広場」をつくった図書館長の実践記
    ちばおさむ著／172p／1900円

11. **手づくり紙芝居講座**
    ときわひろみ著／194p／1900円

12. **図書館と法** 図書館の諸問題への法的アプローチ
    鑓水三千男著／308p／2000円

13. **よい図書館施設をつくる**
    植松貞夫ほか著／125p／1800円

14. **情報リテラシー教育の実践** すべての図書館で利用教育を
    日本図書館協会図書館利用教育委員会編／180p／1800円

15. **図書館の歩む道** ランガナタン博士の五法則に学ぶ
    竹内悊解説／295p／2000円

16. **図書分類からながめる本の世界**
    近江哲史著／201p／1800円

17. **闘病記文庫入門** 医療情報資源としての闘病記の提供方法
    石井保志著／212p／1800円

18. **児童図書館サービス 1** 運営・サービス論
    日本図書館協会児童青少年委員会児童図書館サービス編集委員会編／310p／1900円

19. **児童図書館サービス 2** 児童資料・資料組織論
    日本図書館協会児童青少年委員会児童図書館サービス編集委員会編／322p／1900円

20. **「図書館学の五法則」をめぐる188の視点** 『図書館の歩む道』読書会から
    竹内悊編／160p／1700円

Japan Library Association